*Einfach gute Schüsselküche*

Dagmar Reichel

Superbowls!

BREAKFAST BOWLS, SUSHI BOWLS, BOWLS TO GO – HIER WIRD GESCHÜSSELT, WAS DAS ZEUG HÄLT! BIG BOWLS HAT FÜR JEDEN GESCHMACK WAS DABEI UND KANN NOCH VIEL MEHR ALS NUR LECKER.

Nur das Beste für dich

Avocado, Power-Grains & Co. bringen mit ihren Nährstoffen Body & Soul zum Strahlen. So healthy und happy hast du dich noch nie gefühlt.

Wir haben hier für dich das Wichtigste und Aktuellste rund um die Schüsselküche gesammelt. Überall erwarten dich happy healthy Rezepte und geniale Facts & Hacks. Damit kannst du bei der nächsten Super-Bowl-Party ordentlich trumpfen. Trau dich! Fang einfach an. Hier wird ausprobiert, wild experimentiert und neu entdeckt. Denn Kochen ist nicht nur Nahrungsaufnahme, sondern Genuss, Lifestyle und macht Spaß! Teile dein Glück unter #happyhealthykitchen und hol dir ein paar Likes bei deinen Freunden ab! Denn geteilter Genuss ist doppeltes Glück.

Stay healthy! Feel happy!

Inhalt

DIE GU-QUALITÄTS-GARANTIE

Wir möchten Ihnen mit den Informationen und Anregungen in diesem Buch das Leben erleichtern und Sie inspirieren, Neues auszuprobieren. Bei jedem unserer Bücher achten wir auf Aktualität und stellen höchste Ansprüche an Inhalt, Optik und Ausstattung. Alle Rezepte und Informationen werden von unseren Autoren gewissenhaft erstellt und von unseren Redakteuren sorgfältig ausgewählt und mehrfach geprüft. Deshalb bieten wir Ihnen eine 100 %ige Qualitätsgarantie.

Darauf können Sie sich verlassen:
Wir legen Wert darauf, dass unsere Kochbücher zuverlässig und inspirierend zugleich sind.
Wir garantieren:
- dreifach getestete Rezepte
- sicheres Gelingen durch Schritt-für-Schritt-Anleitungen und viele nützliche Tipps
- eine authentische Rezept-Fotografie

Wir möchten für Sie immer besser werden:
Sollten wir mit diesem Buch Ihre Erwartungen nicht erfüllen, lassen Sie es uns bitte wissen! Wir tauschen Ihr Buch jederzeit gegen ein gleichwertiges zum gleichen oder ähnlichen Thema um. Nehmen Sie einfach Kontakt zu unserem Leserservice auf. Die Kontaktdaten unseres Leserservice finden Sie am Ende dieses Buches.

GRÄFE UND UNZER VERLAG
Der erste Ratgeberverlag – seit 1722.

3 Superbowls!

Early-Bird-Bowls

- 8 Gelbe Smoothie-Bowl
- 10 Nutty Green-Smoothie-Bowl
- 12 Chia-Beeren-Bowl
- 16 Winter-Quinoa-Porridge-Bowl
- 18 Smooth Chocolate-Banana
- 20 Fruity Red-Smoothie-Bowl
- 22 Sonnenscheinschälchen

Healthy Spring-Bowls

- 28 Lieblingslachs-Schüssel
- 30 Veggie-Hirse-Bowl
- 32 Oriental Feel-Good-Bowl
- 34 Fancy Springtime-Salsa-Bowl
- 38 Frische Kräuter-Bowl
- 40 Kicher-Bowl
- 42 Rote-Bete-Bowl mit Linsengemüse und Scamorza
- 44 Curry-Hack-Bowl mit Möhren-Relish

Happy Summer-Bowls

48 Fresh Hummus-Fishball-Bowl
50 Roasted Pistachio-Bowl
54 Fresh 'n' smooth Shrimp-Bowl
56 Blumenkohl-Bowl mit
   Nuss-Frischkäse-Nocken
58 Sushi-Bowl
62 Spanish Mojo-Nights
64 Lemonlike roasted Chicken-Bowl

Autumn-Soul-Bowls

68 Veggie-Noodle-Bowl
70 Omas Birnen-Bohnen-Speck-Bowl
74 Berrylike Rainbow-Falafel-Bowl
74 Mediterrane Polenta-Bowl
78 Cashew-Rotkohl-Bowl mit
   Räucherfisch
80 Tuna-Ceviche-Bowl
84 Kräuter-Avocado-Bowl mit Pilz-Talern
86 Curry-Hokkaido-Bowl
88 Brokkoli-Hummus-Bowl mit Wachs-Ei

122 Buzzwords
123 Where to buy
124 Register
128 Impressum

Specials

6 Bowl-Benefits
15 Ultimate Basic Granola
26 DIY-Bowl-Guide
36 All about Grains
46 Der Sprung in der Schüssel
52 Bowl-Wiki
61 Dressing auf Vorrat
66 All about Bowls
83 Sprossen ziehen
90 Avocado-Facts
102 Bowl-To-Go-Tipps
112 Desserts aus der Schüssel

Winter-Wonder-Bowls

92 Spicy Thai-Bowl
96 Superkorn meets Tofu-Schaschlik
98 Heißer Latin-Lover-Mix
100 Sesam-Nudel-Bowl mit saurem
   Gemüse
104 Smokey Salmon loves Topinambur
106 Panzanella-Roastbeef-Bowl
108 Winterliche Grünkohl-Hirse-Bowl
114 Winterrüben-Bowl mit
   Feta-Avocado-Dip
116 Linsen-Bowl mit Maiskölbchen
   und Schinken
118 Crunchy Cabbage-Egg-Bowl
120 Asia-Suppen-Bowl mit
   mariniertem Rindfleisch

Bowl-Benefits

EINE HANDVOLL GENUSS, EINE PRISE LIFESTYLE UND GANZ VIEL GESUNDES – SCHON IST DIE SCHALE GEFÜLLT! FÜNF GUTE GRÜNDE, WARUM DU DAS »BOWLEN« EINFACH NICHT MEHR LASSEN KANNST.

Nur das Beste für dich

Sie nennen sich Lunch Bowls, Buddha Bowls oder Healthy Bowls und ihre Vielfalt ist beinah so groß wie die der Schüsseln, in denen sie serviert werden. Aber eines haben sie dennoch gemeinsam: Sie bieten eine ausgewogene Balance an den wichtigsten Benefits für Body & Soul – Eiweiß, Kohlenhydrate und ganz viel Gemüse! Das Eiweiß kommt in erster Linie aus pflanzlichen Quellen, wie Hülsenfrüchten, Pilzen, Nüssen und Vollkorngetreide. Wertvolle Kohlenhydrate und Ballaststoffe liefern dir beispielsweise Vollkorngetreide und Hülsenfrüchte sowie Gemüse direkt von der Bowl in den Mund.

For Veggie-Lovers

Veganer lieben sie, Vegetarier sowieso und auch die Fleischesser unter euch kommen mit den Healthy Bowls auf ihre Kosten! Wer auf Fleisch und Fisch in den Bowls verzichten möchte oder muss, lässt diese Zutat bei den entsprechenden Rezepten einfach weg oder sucht am Ende des Rezepts nach hilfreichen Tipps für eine Veggie- oder Vegan-Variante.

Bunte Mischung

Der Inhalt der Schüsseln ist grundlegend ähnlich: Eine Basis, wie Quinoa, Couscous oder Kichererbsen. Obendrauf viel Gemüse – egal ob gebraten, gekocht oder roh – am besten eine bunte Mischung, mal knackig, mal weich, die ganze Bandbreite eben. Und zu guter Letzt krönst du die Bowl mit einer Sauce oder einem Dressing, ein paar Nüssen und Kräutern, und der Genuss aus der Schüssel ist perfekt. Und das Allerbeste dabei – du kannst jeden Tag variieren und dir das aussuchen, wonach dir gerade ist. Langweilig war gestern!

Do as you like

Ganz nach diesem Motto kannst du dir aus dem vollen Gemüseangebot das aussuchen, was dir besonders gut schmeckt und worauf du gerade Lust hast. Am besten wählst du à la Saison aus, so bekommst Du die besten Inhaltsstoffe. Eine perfekte Vitamin-Rundumversorgung also! Ach ja, und weil die Geschmäcker verschieden sind, heißt auch beim Bowlen das Motto: yes, you can! Du magst es gerne saftig? Dann verdünn das Pesto oder Dressing mit Öl oder Wasser oder kipp dir die doppelte Portion davon obendrauf. Vielleicht ist für dich weniger einfach mehr - dann würz dezenter oder reduziere die Sauce. Wer es lieber raw mag, der brutzelt einfach weniger, wer auf nicht so viel Biss beim Gemüse steht, der haut Brokkoli, Blumenkohl, Pilze & Co. noch in die Pfanne. Nach den ersten Bowl-Versuchen merkst du ja schnell, was deine Schüssel-Philosophie ist.

Das volle Programm

Du findest neben vielen Lunch- auch ein paar Frühstücksideen für deine Bowl. Und für alle Naschkatzen gibt es obendrauf noch eine kleine feine Sammlung an süßen, aber nicht ganz so ungesunden Dessert-Bowls. Also schnapp dir deine Schüssel und los geht's!

Gelbe Smoothie-Bowl

Wenn sich Mango, Banane und Kurkuma zu einem goldgelben Smoothie vereinen, geht über der Schüssel die Sonne auf.

FÜR 2 PERSONEN
ZUBEREITUNGSZEIT: 15 MIN.
PRO PORTION: CA. 470 KCAL |
16 G E | 22 G F | 51 G KH

→ ½ Mango
→ 1 Banane
→ 1 kleines Stück Kurkumawurzel (s. S. 122)
→ 200 ml Mandeldrink (ersatzweise Cashewdrink)
→ 3 EL Haferflocken
→ 1 EL Zitronensaft
→ 1 Orange
→ ¼ Melone nach Belieben (z. B. Honig- oder Netzmelone)
→ je 2 EL Erdnuss- und Cashewkerne sowie Mandeln
→ 2 EL Leinsamen

1. Die Mango schälen. Das Fruchtfleisch zuerst vom Stein, dann grob in Stücke schneiden. Banane schälen und in Stücke teilen. Kurkuma waschen und zusammen mit Mangofruchtfleisch, Banane, Mandeldrink, Haferflocken und Zitronensaft im Mixer fein pürieren.

2. Die Orange samt weißer Haut mit einem scharfen Messer dick schälen und die Fruchtfilets zwischen den weißen Trennhäutchen herausschneiden. Die Filets nach Belieben in mundgerechte Stücke schneiden und beiseitestellen.

3. Die Melone, falls verwendet, schälen, entkernen und das Fruchtfleisch in mundgerechte Würfel schneiden. Die Nüsse und Mandeln grob hacken.

4. Den Smoothie auf zwei Schüsseln verteilen, dann die Erdnüsse, Cashewkerne, Mandeln, Leinsamen, Orangenfilets und nach Belieben die Melonenwürfel darauf verteilen und die Bowls sofort servieren.

Trink dein Frühstück

Wenn du mal keine Lust zum Löffeln hast, stecke alle Zutaten (von den Nüssen und Samen jeweils nur 1 EL) in einen (Hochleistungs-)Mixer und püriere sie zusammen mit zusätzlich 200 ml Mandeldrink zu einem Power-Morning-Smoothie für deinen perfekten Start in den Tag.

Nutty Green-Smoothie-Bowl

FÜR 2 PERSONEN
ZUBEREITUNGSZEIT: 10 MIN.
PRO PORTION: CA. 725 KCAL |
12 G E | 59 G F | 40 G KH

→ 50 g Babyspinat
→ 1 Banane
→ 1 Avocado
→ ½ TL Matchapulver nach Belieben
→ 200 ml Kokoswasser
→ 3 EL Buchweizen (ersatzweise Buchweizen-Pops)
→ 2 EL Pinienkerne
→ 2 EL heller Sesam
→ 1 Kiwi
→ 3 EL Kokosraspel

1. Babyspinat waschen und trocken schütteln. Die Banane schälen und in grobe Stücke teilen. Die Avocado halbieren, den Stein entfernen und das Fruchtfleisch aus der Schale lösen.

2. Das Avocadofruchtfleisch zusammen mit Spinat, Banane, Matchapulver und Kokoswasser im Mixer fein pürieren.

3. Buchweizen, Pinienkerne und Sesam in einer Pfanne ohne Fett rösten, bis sie duften. Die Kiwi schälen und würfeln.

4. Den Smoothie auf zwei Schüsseln verteilen, dann geröstete Samen, Kiwiwürfel und Kokosraspel dekorativ darauf anrichten und die Bowls sofort servieren.

Good to know

Kokoswasser pimpt deinen Smoothie weder mit Fett noch mit Eiweiß, dafür aber mit einer Extraportion Mineralstoffen, Spurenelementen und Geschmack auf.

Early-Bird-Bowls

Chia-Beeren-Bowl

FÜR 2 PERSONEN
ZUBEREITUNGSZEIT: 10 MIN. |
RUHEZEIT: MIND. 2 STD.
PRO PORTION: CA. 555 KCAL |
16 G E | 42 G F | 29 G KH

→ 3 EL Chia-Samen
→ 150 g Kokosmilch
→ ½ TL gemahlener Kardamom
→ 150 g gemischte Beeren (z.B. Heidel-
   beeren, Himbeeren)
→ 2 EL Mandelblättchen
→ 6 EL Granola (s.S. 15)

1. Die Chia-Samen nach und nach in die Kokosmilch einrühren, am besten langsam und gründlich, damit sich keine Klümpchen bilden. Kurz quellen lassen.

2. Die Chia-Kokos-Mischung noch einmal gut durchrühren und dabei den Kardamom einrühren. Den Chia-Pudding nun mindestens 2 Std. oder über Nacht im Kühlschrank ruhen bzw. ausquellen lassen.

3. Die Beeren verlesen und vorsichtig waschen. Den Chia-Pudding auf zwei Schüsseln verteilen, dann die Beeren, Mandelblättchen und die Granola darauf verteilen und die Bowls sofort servieren.

Chia-Know-how

Von den Chia-Samen sollte man nicht Unmengen verzehren! Sie gelten derzeit zwar als Superfood und Wundermittel, die Deutsche Gesellschaft für Ernährung rät jedoch, nicht mehr als 15 g Chia-Samen pro Tag zu verzehren, da ihre Wirkung auf den menschlichen Körper noch nicht in Langzeitstudien getestet ist.

Early-Bird-Bowls

Do it yourself

Ultimate Basic Granola

Granola ist das neue Knuspermüsli. Aber ganz egal, wie es heißt, wenn Mandeln, Kokos, Buchweizen und Flocken in der Bowl crunchen, kann eigentlich keiner widerstehen.

FÜR CA. 400 G (10 PERSONEN)

→ 1 kleines Stück Kurkumawurzel
→ 50 g grob gehackte Mandeln
→ 3 EL Buchweizen
→ 200 g 5-Korn-Flocken
→ 3 EL Kokosraspel
→ 50 g flüssiger Honig
→ 5 EL flüssiges Kokosöl (s.S. 122)
→ ½ TL Vanillemark
→ 2 EL Kakao-Nibs (s.S. 122)
→ 3 EL Goldleinsamen

1. Backofen auf 170° vorheizen. Kurkuma waschen, durch die Knoblauchpresse drücken und mit allen übrigen Zutaten bis auf die Kakao-Nibs und Leinsamen auf einem mit Backpapier belegten Blech gut mischen und verteilen. Die Mischung im Ofen (Mitte) 15–20 Min. backen. Herausnehmen und auskühlen lassen. Kakao-Nibs und Leinsamen untermischen. Granola hält in einer Vorratsdose ca. 6 Wochen.

Kurkuma-Facts

Kurkuma (s. auch S. 122) ist eine Art Ingwergewächs. Ihre Wurzel, eigentlich das Rhizom, wird zum Färben und Würzen von Speisen verwendet. Bei uns ist Kurkuma eher in gemahlener Form erhältlich, wobei sich die frische Kurkumawurzel immer mehr verbreitet und in Asienläden sowie in gut sortierten Supermärkten zu bekommen ist. Egal ob du Kurkuma mit oder ohne Schale in Müsli, Smoothie oder Saft mixen willst – vorher bitte waschen! Da sie nicht nur die Speisen gelb färbt, kannst du eingefärbte Gegenstände in die Sonne legen, damit die Farbe wieder verschwindet.

Specials

Winter-Quinoa-Porridge-Bowl

FÜR 2 PERSONEN
ZUBEREITUNGSZEIT: 20 MIN.
PRO PORTION: CA. 340 KCAL |
8 G E | 7 G F | 60 G KH

→ 30 g Quinoa
→ 1 TL Rapsöl
→ 50 g Haferflocken
→ 200 ml Haferdrink
→ 1 Prise Vanillemark
→ 1 Banane
→ 1 Kiwi
→ ½ Orange
→ 2 EL getrocknete Cranberrys

Nice try!

Statt Kiwi, Orange und Banane schmeckt die Quinoa-Porridge-Bowl natürlich mit vielerlei Früchte-Kombinationen. Gemischte Beeren im Sommer, aber auch beispielsweise Melone und Pfirsich passen zu seinem nussigen Touch wunderbar.
Wer keinen Haferdrink mag und auch kein Veganer ist, der kann den Porridge ganz einfach mit Milch zubereiten.

1. Quinoa in einem Sieb kalt abbrausen und abtropfen lassen. Das Öl in einem Topf erhitzen, die Haferflocken dazugeben und kurz anrösten. Quinoa, Haferdrink und Vanillemark zugeben, den Topfinhalt unter Rühren aufkochen lassen und dann zugedeckt bei niedriger Hitze ca. 15 Min. köcheln lassen.

2. Inzwischen die Banane und die Kiwi schälen, Banane in Scheiben schneiden und die Kiwi würfeln. Die Orange samt weißer Haut mit einem scharfen Messer dick schälen und die Fruchtfilets zwischen den weißen Trennhäutchen herausschneiden. Die Filets nach Belieben in mundgerechte Stücke schneiden.

3. Den Porridge auf zwei Schüsseln verteilen, mit den Cranberrys bestreuen, das Obst darübergeben und sofort servieren.

Smooth Chocolate-Banana

Einmal bitte die volle Kakao-Dosis mit Pistazie, Kokos und Mandelkern! Das weckt sogar den brummigsten Morgenmuffel aus seiner Verdrießlichkeit ...

FÜR 2 PERSONEN
ZUBEREITUNGSZEIT: 10 MIN.
PRO PORTION: CA. 630 KCAL |
18 G E | 35 G F | 58 G KH

→ 2 kleine Bananen
→ 200 ml Milch (als vegane Alternative Nuss- oder Sojadrink nach Belieben)
→ 2 EL Kakaopulver
→ 3 EL 5-Korn-Flocken
→ 100 g gemischte Beeren
→ 2 Kiwis
→ 1 EL Pistazienkerne
→ 2 EL Mandeln
→ 2 EL Kokos-Chips
→ 1 EL Kakao-Nibs (s. S. 122)

1. Die Bananen schälen, in grobe Stücke teilen und mit Milch, Kakaopulver und 5-Korn-Flocken im Mixer fein pürieren.

2. Die Beeren verlesen und vorsichtig waschen. Die Kiwis schälen, halbieren und in Scheiben schneiden. Pistazien und Mandeln grob hacken.

3. Den Kakao-Smoothie auf zwei Schüsseln verteilen, dann die Beeren, Kiwis, Kerne, Kokos-Chips und Kakao-Nibs darauf verteilen und die Bowls sofort servieren.

Saison-Variante

Im Winter lieber nicht zu Beeren aus Übersee greifen – dann schmecken zu dieser Bowl auch sehr gut in Würfel geschnittene Kaki, Granatapfelkerne und getrocknete Ananasstücke. Und wer sich bei den Kiwis mal an eine »neue« Variante heranwagen möchte: Es gibt auch Goldkiwis mit haarloser Schale, die im Aussehen gelbgold, im Geschmack süßlicher, frischer und exotischer sind.

Early-Bird-Bowls

Fruity Red-Smoothie-Bowl

Beeren, Kokoswasser und crunchy Toppings – so lecker, da läuft mir gerade das Wasser im Mund zusammen …

FÜR 2 PERSONEN
ZUBEREITUNGSZEIT: 5 MIN.
PRO PORTION: CA. 420 KCAL |
10 G E | 23 G F | 45 G KH

→ 200 g gemischte Beeren
→ 1 Banane
→ 75–100 ml Kokoswasser (ersatzweise Leitungswasser)
→ 1 EL Açai-Pulver nach Belieben
→ 3 Minzblätter
→ 1 kleine Handvoll Bananenchips
→ 3 EL Amarant-Pops (ersatzweise andere Getreide-Pops)
→ 2 EL Kokosraspel
→ 2 EL Kürbiskerne

1. Die Beeren verlesen und vorsichtig waschen. Die Banane schälen und in grobe Stücke teilen. Diese mit Beeren, Kokoswasser und nach Belieben Açai-Pulver in den Mixer geben und fein pürieren.

2. Die Minzblätter waschen, trocken tupfen und in feine Streifen schneiden. Den Beeren-Smoothie auf zwei Schüsseln verteilen, dann die Minze, Bananenchips, Pops, Kokosraspel und Kürbiskerne darauf verteilen und die Bowls sofort servieren.

Make it more minty!

Im Sommer schmeckt diese Bowl richtig erfrischend, wenn du frischen Minztee kochst und den Smoothie damit anstelle des Kokoswassers zubereitest.

Sonnenscheinschälchen

FÜR 2 PERSONEN
ZUBEREITUNGSZEIT: 25 MIN.
PRO PORTION: CA. 540 KCAL |
15 G E | 28 G F | 58 G KH

→ 2–3 getrocknete Feigen
→ 80 g Hirse
→ 150 ml Orangensaft
→ 200 ml Kokoswasser (ersatzweise Leitungswasser)
→ 1 große Orange
→ 2 frische Feigen
→ 2 EL Pekannusskerne (ersatzweise Walnusskerne)
→ 1 EL Pistazienkerne
→ 2 EL Erdnussmus
→ 4 EL Kokoswasser (ersatzweise Nussdrink, Milch oder Wasser)
→ 1 TL Honig

1. Die getrockneten Feigen in Stücke schneiden. Die Hirse in einem Sieb kalt abbrausen, mit getrockneten Feigen, Orangensaft und Kokoswasser in einen Topf geben, aufkochen und bei niedriger Hitze zugedeckt ca. 10 Min. köcheln lassen. Dann die Herdplatte abschalten und die Hirse weitere 10 Min. quellen lassen.

2. Inzwischen die Orange samt weißer Haut mit einem scharfen Messer dick schälen und die Fruchtfilets zwischen den weißen Trennhäutchen herausschneiden. Die Filets nach Belieben in mundgerechte Stücke schneiden. Die Feigen waschen, putzen und in Spalten schneiden.

3. Die Hirse auf zwei Schüsseln verteilen und Orangenfilets, Feigen, Pekannüsse und Pistazien daraufgeben. Erdnussmus und Kokoswasser nach und nach verrühren, Honig unterrühren. Die Bowls mit der Sauce beträufeln und servieren.

Creamy Nuts

Was in Amerika seit Jahrzehnten auf dem Toast landet, wird hierzulande immer hipper. Du findest die Nussmuse mittlerweile aus allen erdenklichen Nüssen und Kernen und in unzähligen Ausführungen. Meistens pur, manchmal auch mit Gewürzen, Zucker und/oder Milchpulver angereichert. Bei Veggies und Veganern sind sie als Brotaufstrich und als cremiger Zusatz für Smoothies, Saucen und Dressings in aller Munde.

Early-Bird-Bowls

>> Aus meiner tiefsten Seele zieht mit Nasenflügelbeben ein ungeheurer Appetit nach Frühstück und nach Leben. <<

JOACHIM RINGELNATZ

DIY-Bowl-Guide

LUST AUF KREATIVES SCHÜS-
SEL-MIXING? HIER KOMMT DEIN
PERSÖNLICHER BOWL-BAUKAS-
TEN. NIMM, WAS DEIN HERZ
BEGEHRT ODER DEIN VORRATS-
SCHRANK HERGIBT UND LEG LOS!

Was Handfestes macht satt und liefert
hochwertiges Eiweiß. Ob Fisch, Garnelen, Hähnchen, Schweinefilet, Schinken, Rindfleisch, Hackfleisch, Ei, Scamorza, Halloumi, Frischkäse, Ziegenkäse,
Schafskäse (Feta), Mozzarella, Joghurt,
Quark, Pilze, Bohnen, (Räucher)Tofu
oder Tempeh: Nimm einfach das, was
für dich am besten zu den anderen
Schüsselpartnern passt.

Das Gemüse suchst du am besten nach
Saison sowie Lust und Laune aus und
entscheidest dann, ob du sie kochen, braten
oder ganz roh einschüsseln möchtest.

Ob Dressing oder Pesto – die Sauce gibt jeder Bowl noch den letzten Pfiff und bringt die Aromen noch besser zur Geltung.

Ein Topping aus Kräutern, Nüssen, Kernen, Ölsaaten, Sprossen oder Obst macht die Schüssel zur Super-Bowl.

Für die Basis hast du mit Couscous, Quinoa, Hirse, Kichererbsen, Linsen, vorgegartem Weizen, Naturreis, Gerste, Buchweizen, Glas-, Thai- oder Mie-Nudeln, Kartoffeln, Polenta, gemischten oder einzelne Körnern bzw. Getreidesorten die Qual der Wahl.

Lieblingslachs-Schüssel

FÜR 2 PERSONEN
ZUBEREITUNGSZEIT: 25 MIN.
PRO PORTION: CA. 630 KCAL |
26 G E | 36 G F | 49 G KH

→ 2 EL Tomatenmark
→ Salz
→ 100 g Couscous
→ 300 g grüner Spargel
→ 100 g Datteltomaten
→ 20 g getrocknete Tomaten
→ 3 EL Rapsöl
→ 1 TL Honig
→ 1 TL mittelscharfer Senf
→ 3 EL Aceto balsamico bianco
→ frisch gemahlener Pfeffer
→ 150 g Lachsfilet
→ 1 EL Zitronensaft
→ 2 EL Pinienkerne

1. Tomatenmark mit 200 ml kochendem Wasser und etwas Salz verrühren, den Couscous in einer Schüssel damit übergießen und 5–10 Min. quellen lassen.

2. Den Spargel waschen und das untere Drittel schälen, die holzigen Enden abschneiden. Den Spargel in schräge Stücke schneiden. Tomaten waschen und gegebenenfalls halbieren. Getrocknete Tomaten in Würfel schneiden und mit den frischen Tomaten mischen.

3. 2 EL Öl in einer Pfanne erhitzen, den Spargel darin bei mittlerer Hitze ca. 3 Min. unter Rühren braten. Für das Dressing Honig, Senf und Balsamico verquirlen und mit Salz und Pfeffer würzen. Das Dressing unter den Spargel mischen.

4. Das Lachsfilet kalt abbrausen, trocken tupfen, in grobe Stücke teilen und mit Zitronensaft beträufeln. Lachs mit Salz und Pfeffer würzen. Das restliche Öl in einer Pfanne erhitzen und den Lachs darin bei mittlerer bis starker Hitze 3–4 Min. von allen Seiten kross braten.

5. Zum Anrichten den Couscous auf zwei Schüsseln verteilen, Lachsfilet, Spargelstücke und Tomaten daraufgeben und mit Pinienkernen bestreut sofort servieren.

Healthy Spring-Bowls

Für Spargel-Fans

Veggie-Hirse-Bowl

Im Frühling genießen wir das knackige Gemüse am liebsten roh und ganz frisch – aber auch gebratene Radieschen sind einen Versuch wert!

FÜR 2 PERSONEN
ZUBEREITUNGSZEIT: 30 MIN.
PRO PORTION: CA. 755 KCAL |
27 G E | 50 G F | 50 G KH

→ 100 g Hirse
→ 50 g Zuckerschoten
→ ½ Bund Radieschen
→ 4 EL Olivenöl
→ Salz
→ frisch gemahlener Pfeffer
→ 30 g gemahlene Haselnüsse
→ 1 TL Kreuzkümmelsamen
→ 2 EL heller Sesam
→ 2 Zweige Thymian
→ 80 g Mini-Mozzarellakugeln
→ 20 g Parmesan
→ 1 Bund Basilikum
→ 50 g frische, gepalte Erbsen (aus knapp 200 g Erbsenschoten)

1. Die Hirse in ein feinmaschiges Sieb geben, mit kaltem Wasser abbrausen und kurz abtropfen lassen. Hirse mit 300 ml Wasser in einen Topf geben, aufkochen und bei niedriger Hitze zugedeckt ca. 10 Min. köcheln lassen. Dann die Herdplatte abschalten und die Hirse weitere 10 Min. quellen lassen.

2. Inzwischen die Zuckerschoten waschen und in mundgerechte Stücke schneiden. Die Radieschen putzen, waschen und vierteln. Das Radieschengrün grob hacken und beiseitestellen.

3. 1 EL Öl in einer Pfanne erhitzen und die Radieschen darin ca. 3 Min. unter Rühren bei niedriger Hitze braten, bis sie leicht glasig werden, anschließend mit Salz und Pfeffer würzen.

4. 20 g Haselnüsse mit Kreuzkümmel und Sesam in einer Pfanne ohne Fett rösten, bis alles duftet. Thymian waschen, die Blättchen abzupfen und zur Gewürzmischung geben. Diese etwas abkühlen lassen und mit den Mozzarellakugeln mischen.

5. Für das Pesto den Parmesan reiben. Basilikum waschen, trocken schütteln und die Blätter zusammen mit dem Radieschengrün, restlichen Haselnüssen, Parmesan und restlichem Öl im Mixer fein pürieren. Pesto mit Salz und Pfeffer würzen.

6. Zum Anrichten die Hirse auf zwei Schüsseln verteilen, Zuckerschoten, Radieschen, Mozzarellakugeln und Erbsen daraufgeben und die Bowls mit Pesto beträufelt sofort servieren.

Healthy Spring-Bowls

Oriental Feel-Good-Bowl

FÜR 2 PERSONEN
ZUBEREITUNGSZEIT: 20 MIN.
PRO PORTION: CA. 235 KCAL |
9 G E | 8 G F | 31 G KH

→ 70 g Quinoa
→ 100 ml Gemüsebrühe
→ ½ Bund Petersilie
→ 2 Tomaten
→ ½ rote Paprika
→ 3 EL + 1 TL Zitronensaft
→ Salz
→ frisch gemahlener Pfeffer
→ 1 kleiner Zucchino
→ 50 g Zuckerschoten
→ 2 Frühlingszwiebeln
→ 1 Handvoll Sprossen (z. B. Radieschen- oder Bohnensprossen)
→ 1 EL Tomatenmark
→ 1 EL Rotweinessig
→ 1 EL Olivenöl
→ 1 TL Honig
→ ¼ TL edelsüßes Paprikapulver

1. Quinoa in einem Sieb kalt abbrausen, mit der Gemüsebrühe in einem Topf aufkochen und zugedeckt bei niedriger Hitze ca. 15 Min. köcheln lassen.

2. Inzwischen die Petersilie waschen, trocken schütteln, die Blättchen abzupfen und diese fein hacken. Tomaten waschen, von den Stielansätzen befreien und in Stücke schneiden. Paprikahälfte halbieren, weiße Trennwände und Kerne entfernen, die Paprikastücke waschen und in Würfel schneiden. Quinoa mit Petersilie, Tomaten, Paprika und 3 EL Zitronensaft mischen und mit Salz und Pfeffer würzen.

3. Zucchino und Zuckerschoten waschen und putzen. Zucchino in ca. 3 cm lange, dünne Stifte schneiden. Die Frühlingszwiebeln putzen, waschen und in feine Ringe schneiden. Sprossen in einem Sieb abbrausen und gut abtropfen lassen. Für das Dressing Tomatenmark, Essig, Öl, restlichen Zitronensaft, Honig und Paprikapulver verquirlen und mit Salz und Pfeffer würzen.

4. Zum Anrichten Quinoa auf zwei Schüsseln verteilen, Zuckerschoten, Zucchinistreifen, Frühlingszwiebeln und Sprossen daraufgeben, mit dem Dressing beträufeln und die Bowls sofort servieren.

Ein Hauch von Orient

Fancy Springtime-Salsa-Bowl

Erst die raffinierte Kombi aus Erdbeeren und Avocado macht diese Bowl zum einzigartigen Frühlingsgenuss!

FÜR 2 PERSONEN
ZUBEREITUNGSZEIT: 25 MIN.
PRO PORTION: CA. 665 KCAL |
30 G E | 54 G F | 14 G KH

→ 200 g Hähnchenbrustfilet
→ Salz
→ frisch gemahlener Pfeffer
→ 4 EL Olivenöl
→ 1 Zweig Thymian
→ 1 Knoblauchzehe
→ ½ Bio-Gurke
→ 1 kleiner zarter Kohlrabi
→ 250 g grüner Spargel
→ 6 Erdbeeren
→ 10 Datteltomaten
→ 1 Avocado
→ 1 EL Limettensaft
→ 1 Stängel Zitronenmelisse nach Belieben
→ 3 EL Aceto balsamico
→ 1 EL scharfer Senf
→ 1 TL Honig

1. Hähnchenbrust kalt abbrausen, trocken tupfen, rundum salzen und pfeffern. 1 EL Öl mit Thymianzweig und ganzer Knoblauchzehe in einer Pfanne erhitzen und die Hähnchenbrust darin in ca. 5 Min. von jeder Seite kross anbraten, dann in weiteren 5 Min. durchgaren.

2. Inzwischen die Gurke waschen und quer in Scheiben schneiden. Den Kohlrabi schälen und grob stifteln. Den Spargel waschen, das untere Drittel schälen und die holzigen Enden abschneiden. Spargelstangen in mundgerechte Stücke schneiden. 1 EL Öl in einer zweiten Pfanne erhitzen und den Spargel darin in ca. 4 Min. unter Rühren kross anbraten.

3. Die Erdbeeren und Tomaten waschen, putzen und sehr fein würfeln. Die Avocado halbieren und den Stein entfernen. Das Fruchtfleisch aus der Schale lösen und ebenfalls in kleine Würfel schneiden. Sofort mit dem Limettensaft mischen. Die Zitronenmelisse waschen, trocken schütteln, die Blättchen abzupfen, diese in feine Streifen schneiden und mit Erdbeeren und Tomaten unter die Avocado-Mischung heben. Aceto balsamico mit Senf, Honig und restlichem Öl mischen, mit Salz und Pfeffer würzen und das Dressing unter die Avocado-Mischung heben.

4. Zum Anrichten das vorbereitete Gemüse auf zwei Schüsseln verteilen, die Hähnchenbrust in Scheiben schneiden, mit der Salsa auf dem Gemüse verteilen und die Bowls sofort servieren.

Buchweizen

Wegen seines würzig-nussigen Geschmacks ist Buchweizen gut als Basis für eine Bowl geeignet. Er ist leicht verdaulich und seinen Blättern und Blüten wird heilpflanzliche Wirkung nachgesagt. Da Buchweizen beim Kochen leicht schleimig wird, kannst du ihn vor dem Kochen heiß waschen. Röste Buchweizen auch mal in der Pfanne an, und kitzel so noch mehr Aroma aus ihm heraus.

Couscous

Das Hauptnahrungsmittel der nordafrikanischen Küche wird dort ursprünglich in einem speziellen Topf, der Couscousière, zubereitet. Couscous sind kleine Kügelchen aus gemahlenem Getreide (Grieß). Hierzulande meist aus Weizen, kann er auch aus Gerste oder Hirse hergestellt werden. In der arabischen Küche wird Couscous über kochendem Wasser oder einem Gericht gedämpft, bei uns kann man Instant-Couscous kaufen. Diesen muss man lediglich mit kochendem Wasser übergießen und ausquellen lassen. Perfekt als superschnelle Bowl-Grundlage.

All about Grains

ES GIBT TATSÄCHLICH MEHR ALS NUR NUDELN, REIS UND KARTOFFELN. DIE KLASSISCHE SÄTTIGUNGSBEILAGE IST DIESER TAGE ZIEMLICH ÜBERHOLT UND BRAUCHT GESUNDE UND SPANNENDE ALTERNATIVEN. HIER EIN KLEINER WEGWEISER DURCH DEN HEALTHY SUPERGRAIN-DSCHUNGEL.

Naturreis

Das Reiskorn wird lediglich von den Spelzen befreit und ist somit ernährungsphysiologisch besonders wertvoll. Denn in seinen Randschichten, die dem weißen Reiskorn fehlen, sitzt ein Großteil der Vitamine und Mineralstoffe. Diese wertvollen Nährstoffe bleiben erhalten, wenn du die Körner nach der Quellreismethode garst. Wie das geht? Das liest du in den Bowl-Rezepten mit Naturreis.

Quinoa

Gerade in der veganen und vegetarischen Ernährung sind Quinoa-Mehl, -Körner und -Pops eine wunderbare Eiweißquelle pflanzlichen Ursprungs. Quinoa schmeckt nussig und leicht bitter, mit pikantem Aroma. Die leicht bittere Note kommt von den in der »Schale« sitzenden Saponinen. Deshalb solltest du die Samen vor dem Kochen in einem Sieb gut mit kaltem Wasser abbrausen, um diesen etwas unangenehmen Beigeschmack auf ein Minimum zu reduzieren.

Amarant

Amarant schmeckt kräftig, nussig und leicht erdig. Du kannst ihn als Mehl, gepoppte Körner und als ganzes Korn kaufen. Amarant zählt ebenso wie Quinoa und Buchweizen zu den Pseudogetreiden, gehört zur Familie der Fuchsschwanzgewächse und ist, wie die beiden vorgenannten auch, glutenfrei. Veganer und Vegetarier schätzen ihn als Quelle für hochwertiges pflanzliches Eiweiß.

Hirse

Vor allem in der glutenfreien Ernährung sammelt Hirse viele Likes. Sie ist sehr mineralstoffreich und eignet sich durch den milden, neutralen Geschmack sowohl für herzhafte wie auch süße Gerichte.

Frische Kräuter-Bowl

FÜR 2 PERSONEN
ZUBEREITUNGSZEIT: 30 MIN.
PRO PORTION: CA. 625 KCAL |
36 G E | 30 G F | 53 G KH

→ 125 g vorgegarter Weizen (Supermarkt)
→ Salz
→ 1 Ei
→ 150 g Schweinefilet
→ 1 TL edelsüßes Paprikapulver
→ ½ TL gemahlener Kümmel
→ 2 EL Olivenöl
→ frisch gemahlener Pfeffer
→ ½ Bund Radieschen (mit Grün)
→ 150 g Babyspinat
→ 1 EL Zitronensaft
→ ½ TL Honig
→ 1 Bund gemischte Kräuter (z.B. Schnittlauch, Petersilie)
→ 20 g Kresse
→ 250 g saure Sahne

1. Den Weizen in ca. 375 ml kochendem Salzwasser offen bei niedriger Hitze in ca. 10 Min. weich garen, das Wasser sollte komplett eingekocht sein. Dann Herdplatte ausschalten und den Weizen zugedeckt ca. 10 Min. ausquellen lassen. Inzwischen das Ei in kochendem Wasser in 8–10 Min. hart kochen, abgießen, kalt abschrecken und pellen.

2. Das Schweinefilet trocken tupfen, der Länge nach halbieren und quer in dünne Scheiben schneiden.

3. Paprikapulver, gemahlenen Kümmel und 1 EL Öl verquirlen und mit Salz und Pfeffer würzen. Schweinefilet darin bis zur Verwendung marinieren.

4. Inzwischen die Radieschen vom Grün befreien und dieses beiseitelegen. Radieschen putzen, waschen und in feine Scheiben hobeln. Babyspinat waschen und trocken schütteln. Beides miteinander vermengen. Zitronensaft mit Honig, Salz und Pfeffer verquirlen und unter den Spinat-Radieschen-Mix mischen.

5. Für die grüne Sauce Radieschengrün, gemischte Kräuter und Kresse waschen, trocken schütteln und je nach Kraut nur die Blättchen oder das ganze Kraut in grobe Stücke schneiden. Zusammen mit Sauerrahm und restlichem Öl im Mixer fein pürieren. Das Ei fein hacken und mit Salz und Pfeffer unterrühren.

6. Das Fleisch in einer Pfanne bei starker Hitze 2–3 Min. scharf anbraten, bis es, je nach Dicke der Scheiben, durch ist. Zum Anrichten den Weizen auf zwei Schüsseln verteilen, Schweinefilet und Spinatsalat daraufgeben. Die Bowls mit der grünen Sauce beträufeln und sofort servieren.

Cremig-gut

Kicher-Bowl

Hier wandern die Amarant-Pops nicht ins Müsli, sondern direkt in ein Bad aus verquirltem Ei und Erdnussmus und verwandeln sich in fluffige Taler!

FÜR 2 PERSONEN
ZUBEREITUNGSZEIT: 25 MIN.
PRO PORTION: CA. 550 KCAL |
30 G E | 31 G F | 35 G KH

→ 30 g Amarant-Pops
→ 2 Eier (M)
→ 1 EL Erdnussmus
→ 1 TL Currypulver
→ Salz
→ frisch gemahlener Pfeffer
→ 400 g Blumenkohl
→ 1 EL Rapsöl
→ 1 Dose Kichererbsen
  (240 g Abtropfgewicht)
→ ½ Bund Koriandergrün
→ 2 Tomaten
→ je 2 kleine Frühmöhren und Zucchini
→ 1 Portion Vorratsdressing mit Erdnussmus (s. S. 61)

AUSSERDEM
→ 6er-Muffinform
→ Fett für die Form

1. Den Backofen auf 180° vorheizen. Die Mulden der Muffinform fetten. Die Amarant-Pops in den Mulden verteilen. Die Eier verquirlen, Erdnussmus und Currypulver dazugeben und die Mischung glatt rühren. Die Ei-Erdnuss-Masse mit Salz und Pfeffer würzen, auf dem Amarant verteilen und die Taler im heißen Ofen (Mitte) in 10–12 Min. goldbraun stocken lassen.

2. Den Blumenkohl putzen, waschen und in Röschen teilen. Das Öl in einer Pfanne erhitzen und den Blumenkohl darin in ca. 3 Min. scharf anbraten. Die Kichererbsen abgießen und abtropfen lassen. Dann mit dem Blumenkohl mischen. Den Koriander waschen, trocken schütteln und samt den Stielen fein hacken. Die Tomaten waschen, von den Stielansätzen befreien und in dünne Spalten schneiden. Die Möhren schälen und je nach Länge ganz lassen oder halbieren. Die Zucchini waschen und in Streifen schneiden.

3. Zum Anrichten Blumenkohl-Kichererbsen-Mischung auf zwei Schüsseln verteilen, Tomaten, Möhren und Zucchini daraufgeben. Die Bowls mit Koriandergrün bestreuen und mit dem Dressing beträufeln, dann sofort servieren. Die Amarant-Taler dazu genießen.

Rote-Bete-Bowl mit Linsengemüse und Scamorza

FÜR 2 PERSONEN
ZUBEREITUNGSZEIT: 35 MIN.
PRO PORTION: CA. 660 KCAL |
34 G E | 30 G F | 60 G KH

→ 150 g Belugalinsen
→ 1 Bund Rote Bete
→ 2 EL Rapsöl
→ 1 Prise gemahlener Kardamom
→ Salz
→ frisch gemahlener Pfeffer
→ ½ Kohlrabi
→ 1 TL Currypulver
→ 1 Birne
→ 100 g Scamorza (s. S. 122)
→ 1 EL Zitronensaft
→ 2 EL geröstete und gesalzene
   Pistazienkerne

Pimp your Bowl

Noch nie was von Scamorza gehört? Nicht weiter schlimm, denn die Auflösung findest du auf Seite 122. Die ultimative Idee dahinter: Wenn du aufmerksam durch Feinkostabteilungen oder große Supermärkte stöberst, findest du sicher unbekannte, interessante Zutaten fürs Pimpen deiner nächsten Bowl ...

1. Die Linsen in einem Sieb kalt abbrausen, mit ca. 450 ml Wasser aufkochen und ca. 30 Min. köcheln lassen.

2. Inzwischen die Roten Beten schälen, das Grün fein hacken und die Roten Beten in dünne Spalten schneiden. 1 EL Öl in einer Pfanne erhitzen, die Rote-Beten-Spalten darin ca. 2 Min. scharf anbraten, mit Kardamom, Salz und Pfeffer würzen und weitere 5 Min. bei niedriger Hitze unter mehrmaligem Rühren braten.

3. Den Kohlrabi schälen und in sehr kleine Würfel schneiden. Restliches Öl in einer Pfanne erhitzen und die Kohlrabiwürfel darin bei mittlerer Hitze ca. 5 Min. braten. Mit Currypulver, Salz und Pfeffer würzen. Die Birne waschen, vierteln, vom Kerngehäuse befreien und in dünne Spalten schneiden. Den Scamorza in mundgerechte Stücke teilen. Nach Ende der Kochzeit der Linsen, diese mit den Kohlrabiwürfeln und dem Zitronensaft mischen und mit Salz und Pfeffer abschmecken.

4. Zum Anrichten die Linsenmischung auf zwei Schüsseln verteilen, Rote Beten, Birne und Scamorza daraufgeben und die Bowls mit den Pistazien bestreut servieren.

Healthy Spring-Bowls

Eat healthy, be happy!

Curry-Hack-Bowl mit Möhren-Relish

FÜR 2 PERSONEN
ZUBEREITUNGSZEIT: 40 MIN.
PRO PORTION: CA. 705 KCAL |
32 G E | 34 G F | 68 G KH

→ 100 g Naturreis
→ 2 Zwiebeln
→ 2 Knoblauchzehen
→ 1 kleines Stück Ingwer
→ 1 mittelgroßer Brokkoli (ca. 400 g)
→ Salz
→ 2 EL Olivenöl
→ 200 g gemischtes Hackfleisch
→ 1 TL gemahlener Kreuzkümmel
→ 1 EL Currypulver
→ frisch gemahlener Pfeffer
→ 200 g Möhren
→ 5 getrocknete Datteln, entsteint
→ je 1 EL Senf- und Fenchelsamen
→ 3 EL Rotweinessig
→ 1 TL Honig

1. Den Naturreis mit der doppelten Menge Wasser in einen kleinen Topf geben, aufkochen und in 30–35 Min. zugedeckt bei niedriger Hitze garen, anschließend zugedeckt auf der abgeschalteten Herdplatte noch in 5–10 Min. ausquellen lassen.

2. Inzwischen die weiteren Bowl-Zutaten vorbereiten: Die beiden Zwiebeln schälen und halbieren. Die eine Zwiebel in feine Würfel schneiden, die andere Zwiebel in Spalten schneiden. Den Knoblauch schälen und fein hacken. Den Ingwer schälen.

3. Den Brokkoli putzen, waschen und in Röschen teilen, den Strunk schälen und in mundgerechte Stücke teilen. Eventuell feine Blättchen hacken und beiseitelegen. Den Brokkoli in einem Topf in wenig Salzwasser in ca. 4 Min. garen.

4. 1 EL Öl in einer Pfanne erhitzen, die gehackte Zwiebel und die Hälfte des Knoblauchs darin ca. 2 Min. andünsten. Hackfleisch zugeben und bei starker Hitze scharf anbraten. Mit Kreuzkümmel, Currypulver, Salz und Pfeffer würzen. Den Ingwer durch die Knoblauchpresse drücken und die Hälfte dazugeben.

5. Möhren putzen, schälen und in kleine Stücke schneiden. Datteln fein würfeln. Das restliche Öl in einem Topf erhitzen, restliche Zwiebel und restlichen Knoblauch darin ca. 2 Min. andünsten. Möhren, Datteln, restlichen Ingwer, Senf- und Fenchelsamen zugeben, kurz mitbraten, dann Essig und Honig zugeben. Relish zugedeckt bei mittlerer Hitze ca. 5 Min. köcheln lassen, salzen und pfeffern.

6. Zum Anrichten den Reis auf zwei Schüsseln verteilen, Brokkoli, Curry-Hackfleisch und das Möhren-Dattel-Relish darauf anrichten und die Bowls nach Belieben mit den Brokkoliblättchen bestreut servieren.

Healthy Spring-Bowls

Der Sprung in der Schüssel

JEDEM MAKEL WOHNT EIN NUTZEN INNE. WIE RECHT DIE ASIATEN DOCH HABEN, ZEIGT DIESE SCHÖNE GESCHICHTE.

»Es war einmal eine alte chinesische Frau, die zwei große Schüsseln hatte, die von den Enden einer Stange hingen, die sie über ihren Schultern trug. Eine der Schüsseln hatte einen Sprung, während die andere makellos war und stets eine volle Portion Wasser fasste. Am Ende der langen Wanderung vom Fluss zum Haus der alten Frau war die andere Schüssel jedoch immer nur noch halb voll. Zwei Jahre lang geschah dies täglich: Die alte Frau brachte immer nur anderthalb Schüsseln Wasser mit nach Hause.

Die makellose Schüssel war natürlich sehr stolz auf ihre Leistung, aber die arme Schüssel mit dem Sprung schämte sich wegen ihres Makels und war betrübt, dass sie nur die Hälfte dessen verrichten konnte, wofür sie gemacht worden war.

Nach zwei Jahren, die ihr wie ein endloses Versagen vorkamen, sprach die Schüssel zu der alten Frau: ›Ich schäme mich so wegen meines Sprungs, aus dem den ganzen Weg zu deinem Haus immer Wasser läuft.‹
Die alte Frau lächelte. ›Ist dir aufgefallen, dass auf deiner Seite des Weges Blumen blühen, aber auf der Seite der anderen Schüssel nicht? Ich habe auf deiner Seite des Pfades Blumensamen gesät, weil ich mir deines Fehlers bewusst war. Nun gießt du sie jeden Tag, wenn wir nach Hause laufen.

Zwei Jahre lang konnte ich diese wunderschönen Blumen pflücken und den Tisch damit schmücken. Wenn du nicht genauso wärst, wie du bist, würde diese Schönheit nicht existieren und unser Haus beehren.‹«

(Asiatische Weisheit)

Fresh Hummus-Fishball-Bowl

FÜR 2 PERSONEN
ZUBEREITUNGSZEIT: 20 MIN.
PRO PORTION: CA. 675 KCAL |
35 G E | 42 G F | 36 G KH

→ 20 g Parmesan
→ 150 g weißes Fischfilet (z.B. Kabeljau)
→ 100 g Zucchini
→ 1 Knoblauchzehe
→ ½ Bund Basilikum
→ 1 Ei
→ 3 EL Olivenöl
→ 1 TL mittelscharfer Senf
→ 3–4 EL Semmelbrösel
→ 1 EL dunkler Sesam
→ Salz
→ frisch gemahlener Pfeffer
→ 1 Dose Kichererbsen
   (240 g Abtropfgewicht)
→ 1 EL Zitronensaft
→ 2 EL Tahin (Sesampaste)
→ ½ Kopf grüner Salat
→ 3 Blätter Radicchio
→ 2 Tomaten
→ 1 EL Rotweinessig
→ 1 EL heller Sesam

1. Den Backofen auf 200° vorheizen. Den Parmesan fein reiben. Das Fischfilet kalt abbrausen, trocken tupfen und fein würfeln. Zucchini putzen, waschen und fein reiben. Knoblauch schälen und fein hacken. Basilikum waschen, trocken schütteln und die Blätter von 2 Stängeln für die Fischbällchen fein hacken. Alles mit Ei, 1 EL Öl, Senf, Semmelbröseln, Parmesan und dunklem Sesam vermischen, salzen und pfeffern. Aus der Masse walnussgroße Bällchen formen. Diese auf ein mit Backpapier belegtes Blech legen und im heißen Ofen (Mitte) 10–12 Min. backen.

2. Inzwischen für den Hummus (s. S. 122) die Kichererbsen abgießen, abtropfen lassen und mit Zitronensaft, Tahin und 1 EL Öl im Mixer fein pürieren. Hummus mit Salz und Pfeffer würzen.

3. Die Blattsalate putzen, waschen und trocken schleudern. Die Tomaten waschen, von den Stielansätzen befreien und in mundgerechte Stücke schneiden. Essig, restliches Öl und restliche Basilikumblätter im Mixer fein pürieren. Dressing salzen und pfeffern und mit den Blattsalaten in einer Schüssel mischen.

4. Zum Anrichten Salat und Tomaten auf zwei Schüsseln verteilen, Fischbällchen und Hummus darauf dekorativ anrichten, mit hellen Sesamsamen bestreuen und die Bowls sofort servieren.

Roasted Pistachio-Bowl

FÜR 2 PERSONEN
ZUBEREITUNGSZEIT: 45 MIN.
PRO PORTION: CA. 780 KCAL |
27 G E | 49 G F | 59 G KH

→ 1 kleine Zwiebel
→ 1 Knoblauchzehe
→ 3 EL Olivenöl
→ 100 g Naturreis
→ 3 EL Pistazien
→ 1 TL Kreuzkümmelsamen
→ 200 ml Gemüsebrühe
→ 150 g Halloumi (s. S. 122)
→ ½ rote Paprika
→ 3 Möhren
→ 1 EL Rohrohrzucker
→ je 2 EL Zitronen- und Orangensaft
→ 1 Prise Kurkumapulver (s. S. 122)
→ frisch gemahlener Pfeffer
→ 3 frische Feigen
→ 1–2 TL Crema di Balsamico
→ Salz

1. Zwiebel und Knoblauchzehe schälen, halbieren und beides fein würfeln. 1 EL Öl in einem Topf erhitzen, Zwiebel und Knoblauch darin bei mittlerer bis starker Hitze ca. 2 Min. anbraten und in weiteren 2 Min. glasig dünsten. Reis, Pistazien und Kreuzkümmel zugeben, kurz mitbraten, dann alles mit Brühe aufgießen, aufkochen und den Reis in 30–35 Min. zugedeckt bei niedriger Hitze garen. Anschließend auf der abgeschalteten Herdplatte zugedeckt 5–10 Min. ausquellen lassen.

2. Inzwischen den Halloumi in ca. 2 cm dicke Streifen schneiden. Paprikahälfte von weißen Trennwänden und Kernen befreien, waschen und in ca. 2 cm große Stücke schneiden. Möhren putzen, schälen und in mundgerechte Streifen schneiden.

3. 1 EL Öl in einer Pfanne erhitzen und den Halloumi darin von allen Seiten in ca. 5 Min. anbraten, bis er goldbraun ist. Den Halloumi herausnehmen, in mundgerechte Stücke schneiden und beiseitestellen. Das restliche Öl in der Pfanne erhitzen und Paprika und Möhren darin bei mittlerer bis starker Hitze ca. 5 Min. anbraten, bis das Gemüse beginnt Farbe anzunehmen. Gemüse mit Zucker bestreuen, unter Rühren ca. 2 Min. braten, dann den Zitronen- und Orangensaft angießen sowie das Kurkumapulver zugeben und das Gemüse weitere 2–3 Min. braten, bis es karamellisiert ist. Mit Salz und Pfeffer würzen.

4. Die Feigen waschen und vierteln. Zum Anrichten den Reis in zwei Schüsseln geben, darauf Halloumistücke, Paprika-Möhren-Gemüse und die Feigen geben. Die Bowls mit Crema di Balsamico beträufeln und sofort servieren.

Happy Summer-Bowls

Was macht die Bowl zur Super-Bowl?

Ganz klar – Zutaten, die deinen Körper mit lauter lebenswichtigen Nährstoffen, Vitaminen, Mineralstoffen & Co. versorgen und obendrein noch jede Menge zusätzliche Benefits zu bieten haben, die dich fit und gesund halten.

Was ist denn an Hülsenfrüchten so super?

Kichererbsen, Linsen und Bohnen sind wunderbare Eiweißquellen für Veganer und Vegetarier. Sie sind mineral- und ballaststoffreich, beeinflussen Blutzuckerspiegel und Verdauung positiv und sind im Gegensatz zu den hochgelobten Superfoods vom anderen Ende der Welt supergünstig in der Anschaffung. Noch Fragen?

Bowl-Wiki

Spenden Kräuter Kraft?

Ja, denn Küchenkräuter enthalten neben den gesundheitsförderlichen ätherischen Ölen und sekundären Pflanzenstoffen das Blattgrün Chlorophyll. Ihm werden antioxidative und krebshemmende Wirkungen nachgesagt und es soll beim Sauerstofftransport und bei der Bildung neuer Blutkörperchen helfen.

Wie viel Superfood ist gut?

Alles in Maßen heißt die Devise. Chia-Samen zum Beispiel stecken voller Ballaststoffe und sind reich an Omega-3-Fettsäuren. Chia-Pudding mit Obst und anderen frischen Zutaten ist das neue Hipster-Frühstück. Jedoch Vorsicht – man sollte nicht übermäßig zugreifen, denn aufgrund mangelnder Langzeitstudien raten Ernährungsexperten, nur maximal 15 g dieses Superfoods pro Tag zu essen.

Wie wird man vom alten Hut zum Superfood?

Bereits unsere Vorfahren wussten den herb-süßlichen Grünkohl als wahres Vitamin- und Mineralstoffpaket zu schätzen. Dann geriet er leider, als friesisches Nationalgericht zu Tode gekocht, in Verruf, um jetzt in vielen verschiedenen Zubereitungsarten wiederentdeckt zu werden.

Fit- oder Dickmacher?

Nüsse strotzen nur so vor herzgesunden Nährstoffen. Bei den kleinen Powerbombs kannst du also getrost zulangen, denn sie stecken voller ungesättigter Fettsäuren, die weder die Blutgefäße verstopfen noch die Werte des bad boys LDL-Cholesterin im Blut ansteigen lassen.

How to spice up my Bowl?

Würz deine Bowl mit geriebenem Ingwer. Die Wurzel kann Schmerzen lindern und Entzündungen vertreiben, sie wirkt verdauungsfördernd und verschärft dir auf angenehme Weise jede Speise.

Fresh 'n' smooth Shrimp-Bowl

FÜR 2 PERSONEN
ZUBEREITUNGSZEIT: 25 MIN.
PRO PORTION: CA. 620 KCAL |
28 G E | 40 G F | 36 G KH

→ 80 g Gerstengraupen
→ 2 EL Rapsöl
→ 90 g gegarte Garnelen
→ 1 Handvoll Brunnenkresse
   (ersatzweise Rucola)
→ ½ Bund Schnittlauch
→ 200 g körniger Frischkäse
→ Salz
→ frisch gemahlener Pfeffer
→ 1 kleine Fenchelknolle
→ ½ Bund Radieschen
→ 1 TL Honig
→ 1 Avocado

1. Die Gerstengraupen in einem Sieb kalt abbrausen und gut abtropfen lassen. 1 EL Öl in einem Topf erhitzen, Graupen darin ca. 2 Min. anbraten, mit 200 ml Wasser aufgießen, aufkochen und 15–20 Min. zugedeckt bei niedriger Hitze köcheln.

2. Inzwischen die Garnelen in einem Sieb kalt abbrausen und abtropfen lassen. Brunnenkresse verlesen, waschen und trocken schütteln. Schnittlauch waschen, trocken schütteln und in feine Röllchen schneiden. Diese mit dem Frischkäse mischen. Den Schnittlauchfrischkäse mit Salz und Pfeffer abschmecken.

3. Fenchel putzen, waschen und in dünne Spalten teilen. Radieschen putzen, waschen und vierteln. Restliches Öl in einer Pfanne erhitzen und Fenchel und Radieschen darin ca. 3 Min. scharf anbraten. Das Gemüse mit Honig beträufeln, mit Salz und Pfeffer würzen, schwenken und noch ca. 1 Min. braten.

4. Die Avocado halbieren und den Stein entfernen. Das Fruchtfleisch in der Schale in Spalten teilen und mit einem Esslöffel aus der Schale lösen. Zum Anrichten die Gerste auf zwei Schüsseln verteilen, Garnelen, Brunnenkresse, Fenchelgemüse, Avocado und Frischkäse daraufgeben und die Bowls sofort servieren.

Blumenkohl-Bowl mit Nuss-Frischkäse-Nocken

FÜR 2 PERSONEN
ZUBEREITUNGSZEIT: 25 MIN.
PRO PORTION: CA. 485 KCAL |
16 G E | 35 G F | 25 G KH

→ 400 g Blumenkohl
→ 1 Zwiebel
→ 2 EL Rapsöl
→ 1 Zweig Thymian
→ 1 TL edelsüßes Paprikapulver
→ ½ TL gemahlener Koriander
→ ½ Bio-Salatgurke
→ 2 Stängel Minze
→ ½ rote Paprika
→ 1 EL Aceto balsamico bianco
→ Salz
→ frisch gemahlener Pfeffer
→ ¼ Honigmelone
→ 1 Stängel Basilikum
→ 100 g Zuckerschoten
→ 100 g Frischkäse
→ je 2 EL gehackte Kürbis- und Haselnusskerne

1. Den Blumenkohl waschen, putzen und grob zerkleinern. Die Zwiebel schälen. Beides zusammen in der Küchenmaschine fein zerkleinern. In einer Pfanne 1 EL Öl erhitzen und den Blumenkohl-Mix darin ca. 5 Min. unter Rühren bei mittlerer Hitze braten. Inzwischen den Thymian waschen, trocken schütteln und die Blättchen abzupfen. Zusammen mit Paprikapulver und Koriander zum Blumenkohl geben und alles weitere 5 Min. unter Rühren braten.

2. Für den Salat Gurke und Minze waschen. Gurke putzen und in kleine Würfel schneiden. Minze trocken schütteln und die Blättchen fein hacken. Die Paprikahälfte von weißen Trennhäuten und Kernen befreien, waschen und ebenfalls in kleine Würfel schneiden. Gurke, Minze und Paprikawürfel in eine Schüssel geben. Balsamico mit restlichem Öl dazugeben, gut mischen und den Salat mit Salz und Pfeffer abschmecken.

3. Die Melonenhälfte mit einem Kugelausstecher aushöhlen, das restliche Fruchtfleisch von der Schale trennen, in kleine Würfel schneiden und die Würfel unter den Salat mischen. Das Basilikum waschen, trocken schütteln und die Blättchen in feine Streifen schneiden. Die Zuckerschoten waschen, putzen und nach Belieben ganz lassen, in mundgerechte Stücke oder feine Streifen schneiden.

4. Zum Anrichten den Blumenkohl-Mix auf zwei Schüsseln verteilen, den Salat an einer Seite darauf anrichten, die Melonenkugeln danebеn aufreihen, Zuckerschoten wiederum daneben verteilen und alles mit dem Basilikum bestreuen. Vom Frischkäse mit zwei Teelöffeln sechs Nocken abstechen, je drei auf jeder Bowl platzieren, mit den gehackten Kernen bestreuen und die Bowls gleich genießen.

Happy Summer-Bowls

Fruchtig-frisch

Sushi-Bowl

Asia meets Bowl – warum nicht einfach mal die beliebte Japan-Rolle in eine Schüssel füllen und mit all den feinen Sushi-Leckereien garnieren?

FÜR 2 PERSONEN
ZUBEREITUNGSZEIT: 45 MIN.
PRO PORTION: CA. 795 KCAL |
37 G E | 50 G F | 52 G KH

→ 80 g Vollkorn-Rundkornreis
→ ½ Salatgurke
→ 2 kleine Möhren
→ 2 Nori-Blätter (s.S. 122)
→ 200 g Edamameschoten (s.S. 122)
→ Salz
→ 150 g Lachs in Sushi-Qualität
  (ersatzweise Surimi)
→ 1 Avocado
→ 1 Knoblauchzehe
→ 1–2 EL Gari (eingelegter Ingwer)
→ 3 EL Sojasauce
→ 1 Prise Wasabipulver nach Belieben
→ 2 EL heller und dunkler Sesam

1. Reis in einem Topf mit 160 ml Wasser aufkochen und in ca. 35 Min. zugedeckt bei niedriger Hitze garen. Anschließend auf der ausgeschalteten Herdplatte zugedeckt 5–10 Min. ausquellen lassen.

2. Die Gurke putzen, waschen und in mundgerechte Streifen schneiden. Die Möhren putzen, schälen und in mundgerechte Stücke schneiden. Die Algen in feine Streifen schneiden, etwa ein Drittel davon in kleine Stückchen schneiden.

3. Die Edamame kalt abbrausen, in kochendem Salzwasser ca. 5 Min. garen, mit einer Schaumkelle herausheben, kurz abkühlen lassen und die Kerne aus den Schoten pulen. Kerne auf einem Teller beiseitestellen.

4. Den Lachs mit einem scharfen Messer in mundgerechte Scheiben schneiden. Die Avocado halbieren und den Stein entfernen. Das Fruchtfleisch in der Schale in Würfel teilen und mit einem Esslöffel aus der Schale lösen. Knoblauch schälen, grob hacken und mit Gari, der Sojasauce und nach Belieben Wasabi im Mixer oder mit dem Stabmixer fein pürieren.

5. Zum Anrichten die Algenstückchen mit dem Reis mischen und auf zwei Schüsseln verteilen. Gurke, Möhren, Edamame, Lachs und Avocado daraufgeben, mit Algenstreifen und Sesam garnieren und mit der Sauce beträufelt sofort servieren.

Happy Summer-Bowls

Do it yourself

Dressing auf Vorrat

Der absolute Zeitspartipp – so ein Universaldressing in großer Menge ist schnell gemacht und lässt sich jeden Tag mit neuen Kräutern aufpeppen.

FÜR 4 PERSONEN À CA. 50 G

→ 8 EL Nussmus nach Wahl
→ 6 EL Zitronensaft
→ 3–4 Knoblauchzehen
→ 2 TL gemahlener Kreuzkümmel
→ 4 EL Joghurt
→ 8–10 EL gehackte gemischte Kräuter
→ Salz
→ frisch gemahlener Pfeffer

1. Das Nussmus mit dem Zitronensaft glatt rühren. Knoblauch schälen, fein hacken und mit Kreuzkümmel, Joghurt und den Kräutern unter die Nussmus-Zitronen-saft-Mischung rühren. Das Dressing mit Salz und Pfeffer abschmecken. Es hält sich in einem gut verschließbaren Behälter einige Tage im Kühlschrank.

Kräuter-Kombi

Bei den Kräutern kannst du dich austoben und deiner Bowl einen entsprechenden Touch geben. Zu Cashewmus passen mildere Kräuter wie Basilikum, Zitronenmelisse oder Thymian. Bei Erdnussmus eignet sich hervorragend Asiatisches wie Koriander oder auch Petersilie und zu Mandelmus schmecken bei-spielsweise Schnittlauch, Dill oder Rosmarin. Das Sesammus Tahin lässt sich perfekt mit vielerlei Kräu-tern kombinieren, z. B. Petersilie, Thymian oder auch mal Salbei.

Specials

Spanish Mojo-Nights

FÜR 2 PERSONEN
ZUBEREITUNGSZEIT: 40 MIN.
PRO PORTION: CA. 530 KCAL |
37 G E | 15 G F | 56 G KH

→ 1 Zwiebel
→ 2 Knoblauchzehen
→ je ½ gelbe und rote Paprika
→ 2 EL Olivenöl
→ 100 g Naturreis
→ Salz
→ frisch gemahlener Pfeffer
→ ½ Bund Petersilie
→ 100 g gegrillte eingelegte Paprika
→ 1 EL Rotweinessig
→ ½ TL Cayennepfeffer
→ 4 kleine Tomaten
→ 250 g Rindfleisch
→ 150 g schwarze Bohnen (aus der Dose, etwa ½ Dose)

1. Zwiebel und 1 Knoblauchzehe schälen, halbieren und beides fein würfeln. Die Paprikahälften halbieren, weiße Trennhäute und Kerne entfernen, die Viertel waschen und jeweils ein Viertel in kleine Würfel schneiden. Anschließend die anderen beiden Paprikaviertel in Streifen schneiden und beiseitelegen.

2. 1 EL Öl in einem Topf erhitzen, Zwiebel und Knoblauch darin bei mittlerer bis starker Hitze ca. 2 Min. anbraten und in weiteren 2 Min. glasig dünsten. Reis und Paprikawürfel zugeben, kurz mitbraten, dann mit ca. 200 ml Wasser aufgießen, aufkochen und 30–35 Min. zugedeckt bei niedriger Hitze garen.

3. Dann den Paprikareis auf der abgeschalteten Herdplatte zugedeckt 5–10 Min. ausquellen lassen, salzen und pfeffern.

4. Inzwischen für die Mojo die Petersilie waschen, trocken schütteln, die Blätter abzupfen, diese grob hacken und etwa ein Drittel beiseitelegen. Die restliche Knoblauchzehe schälen. Die Petersilie mit den eingelegten Paprika, der Knoblauchzehe, Essig und Cayennepfeffer im Mixer fein pürieren. Mojo mit Salz und Pfeffer würzen. Die Tomaten waschen, von den Stielansätzen befreien und in Spalten schneiden, in einer Schüssel vorsichtig mit etwas Salz mischen.

5. Das Rindfleisch trocken tupfen, restliches Öl in einer Pfanne erhitzen, das Fleisch mit Salz und Pfeffer würzen und in der heißen Pfanne bei starker Hitze in 2–3 Min. von allen Seiten kross braten. Je nach Dicke des Fleischs und gewünschtem Gargrad noch 1–2 Min. weiterbraten, ein paar Min. bei abgeschalteter Herdplatte ruhen lassen. Die Bohnen in ein Sieb abgießen und abtropfen lassen.

6. Zum Anrichten das Fleisch in dünne Scheiben schneiden. Den Paprika-Reis auf zwei Schüsseln verteilen, Paprikastreifen, Tomaten, Bohnen und Fleisch daraufgeben und die Tomaten mit der beiseitegestellten Petersilie garnieren. Die Bowls mit der Mojo beträufeln und sofort servieren.

Urlaubsfeeling

Lemonlike roasted Chicken-Bowl

FÜR 2 PERSONEN
ZUBEREITUNGSZEIT: 35 MIN.
PRO PORTION: CA. 685 KCAL |
34 G E | 27 G F | 73 G KH

→ 200 g Hähnchenbrustfilet
→ 1 Bio-Zitrone
→ 2 gestrichene EL Speisestärke
→ 1 kleines Stück Ingwer
→ 1 EL Honig
→ 3 EL Hühnerbrühe
→ Salz
→ frisch gemahlener Pfeffer
→ 100 g Buchweizen
→ 250 g grüne Bohnen
→ 2 Frühlingszwiebeln
→ 1 EL Rotweinessig
→ 3 EL Olivenöl
→ 2 rote Paprika
→ 1 Zwiebel
→ 2 EL Tomatenmark
→ 1 Prise Rohrohrzucker
→ ½ Bio-Salatgurke
→ 4 EL schwarze Oliven mit Stein

1. Die Hähnchenbrust kalt abbrausen und trocken tupfen. Für die Marinade die Zitrone heiß waschen und abtrocknen, die Schale abreiben und den Saft auspressen. Den Saft mit der Stärke glatt rühren, den Ingwer waschen und durch die Knoblauchpresse dazudrücken. Honig, Brühe, Salz und Pfeffer unterrühren und die Hähnchenbrust darin bis zur Verwendung im Kühlschrank marinieren.

2. Den Buchweizen kalt abbrausen, mit 200 ml Wasser in einen Topf geben, aufkochen und in 10–15 Min. zugedeckt bei niedriger Hitze garen.

3. Inzwischen die Bohnen putzen, waschen und in 2–3 cm lange Stücke schneiden. In einem weiteren Topf wenig Salzwasser zum Kochen bringen und die Bohnen darin ca. 5 Min. garen. Die Frühlingszwiebeln putzen, waschen, in feine Ringe schneiden und mit den Bohnen (inkl. Kochwasser), dem Essig und 1 EL Öl mischen. Bohnensalat mit Salz und Pfeffer würzen.

4. Paprika halbieren, putzen, waschen und würfeln. Zwiebel schälen, halbieren und fein würfeln. 1 EL Öl in einer Pfanne erhitzen, Zwiebel und Paprika darin bei starker Hitze ca. 2 Min. anbraten, Tomatenmark, 3–4 EL Wasser und Zucker zugeben und weitere 5 Min. bei niedriger Hitze köcheln lassen. Sauce etwas abkühlen lassen und fein pürieren. Gurke putzen, waschen und in Scheiben schneiden.

5. Das restliche Öl in einer Pfanne erhitzen und die Hähnchenbrust in ca. 5 Min. von jeder Seite kross anbraten, Marinade angießen und das Filet in weiteren ca. 5 Min. durchgaren. Filet in Scheiben aufschneiden. Zum Anrichten den Buchweizen auf zwei Schüsseln verteilen, Bohnensalat, Gurke, Oliven und Hähnchen daraufgeben und die Bowls mit der Paprikasauce getoppt sofort servieren.

Happy Summer-Bowls

Schmeckt nach Sonne

Schüsseln in der Frühzeit

Bereits vor 12 000 Jahren in der Jungsteinzeit, als die Jäger und Sammler von damals begannen, sesshafte Bauern zu werden, gab es Schüsseln aus Stein, Holz oder Ton, die die Menschen als Essgeschirr verwendeten. Bei Kulthandlungen wurden sogenannte Opfer-Schalen verwendet, die aus wertvollen Edelsteinen oder Halbedelsteinen gefertigt wurden. In ihnen wurde, wie schon in der Bibel erwähnt, das Blut der geschlachteten Opfertiere gesammelt. Ebenfalls in der Bibel ist in der Apokalypse von den »Sieben Schalen des Zorns Gottes« die Rede, aus welchen der Zorn Gottes als sieben Plagen von sieben Engeln auf die Erde ausgegossen wird.

All about Bowls

DIE SCHÜSSEL IST EIN SO ALLTÄGLICHER GEGENSTAND, DASS MAN SICH NORMALERWEISE KEINE GRÖSSEREN GEDANKEN DARÜBER MACHT – AUSSER, MAN SCHREIBT EIN BUCH DARÜBER …

Die mauretanische Gdah

Nomaden in weiten Teilen der Sahara und der Sahelzone verwenden dünnwandige Holzschüsseln als Milchgefäße. Sie fertigen in mühevoller Handarbeit Schalen aus einer Akazienholzart mit rotbrauner Farbe und gelblichem Splint. Ältere Schüsseln sind oft mit geometrischen Formen verziert, bei denen die in diesem Kulturkreis magische Zahl fünf eine Rolle spielt.

Schüsseln heute

Wir essen, rühren, kochen und kneten inzwischen aus und in Schüsseln aus unterschiedlichstem Material: Glas, Holz, Edelstahl, Keramik, Ton, Porzellan, Kunststoff. Auch den Farben und Formen sind kaum mehr Grenzen gesetzt. Es gibt Schüsseln für Salat, fürs Müsli, für Obst, Rührschüsseln und natürlich und zum Glück healthy Bowls.

Redensartlich verewigt

Wenn jemand einen sprichwörtlichen »Sprung in der Schüssel hat« ist er etwas verrückt, durchgeknallt oder dumm. Synonyme: »Nicht alle Tassen im Schrank / Latten am Zaun / Steine auf der Schleuder haben«, »nicht ganz richtig im Kopf sein«, »einen Schlag / Schuss haben«.

Japan schüsselt

In Japan wird der Genuss regelrecht zelebriert. Und so braucht jedes Gericht eben auch ein entsprechendes Gefäß. Neben Suppe wandern in Japan Reis, Salate und andere kleine Beilagen in die Schüssel. Und nicht zu vergessen: Auch der Tee wird in Japan bei der Zeremonie in einer Schale serviert. Egal ob aus Holz, Keramik, Porzellan, Silber, Gold oder mit traditioneller Lackkunst verziert – hier erkennt man die Bedeutung des Essens.

Veggie-Noodle-Bowl

FÜR 2 PERSONEN
ZUBEREITUNGSZEIT: 20 MIN.
PRO PORTION: CA. 365 KCAL |
6 G E | 6 G F | 70 G KH

- 125 g Glasnudeln
- ½ Bio-Salatgurke
- Salz
- 3 Möhren
- 1 Kohlrabi
- 1 kleiner Zucchino
- ½ Fenchelknolle
- 50 g Mungbohnensprossen
- 2 EL Reisessig (ersatzweise Aceto balsamico bianco)
- 1 EL Sesamöl (ersatzweise Rapsöl)
- 1 TL Rohrohrzucker
- 1 EL Sojasauce
- frisch gemahlener Pfeffer
- 1 EL Limettensaft
- Gari (eingelegter Ingwer) nach Belieben

1. Die Glasnudeln in kochendem Wasser nach Packungsangabe garen, dann abgießen, kalt abschrecken und mit einer Schere in kürzere Stücke schneiden.

2. Die Gurke putzen, waschen, in dünne Viertel-Scheiben schneiden, mit etwas Salz mischen und kurz ruhen lassen. Möhren und Kohlrabi putzen, schälen und in mundgerechte Streifen schneiden. Zucchino und Fenchel putzen, waschen und ebenfalls in mundgerechte Streifen schneiden. Die Sprossen in einem Sieb waschen und gut abtropfen lassen.

3. Für das Dressing Reisessig mit Sesamöl, ½ TL Zucker und Sojasauce verquirlen und mit Salz und Pfeffer abschmecken. Gurkenstücke mit Limettensaft und restlichem Zucker mischen. Zum Anrichten die Glasnudeln mit der Hälfte des Dressings mischen und auf zwei Schüsseln verteilen. Gemüsestreifen, Sprossen, Gari nach Belieben und Gurkensalat darauf dekorativ arrangieren. Bowls mit dem restlichen Dressing beträufeln und sofort servieren.

Brat-Tipp

Statt als Rohkost, lassen sich die oben genannten Gemüsesorten zusammen auch gut in wenig Öl in einer Pfanne anbraten und dann mit dem Dressing gemischt in der Bowl genießen.

Omas Birnen-Bohnen-Speck-Bowl

FÜR 2 PERSONEN
ZUBEREITUNGSZEIT: 25 MIN.
PRO PORTION: CA. 460 KCAL |
12 G E | 34 G F | 39 G KH

→ 300 g neue Kartoffeln (z.B. Drillinge)
→ 2 EL Rapsöl
→ 250 g grüne Bohnen
→ 1 Stängel Bohnenkraut
→ Salz
→ 1 EL Rotweinessig
→ frisch gemahlener Pfeffer
→ 2 Birnen
→ 40 g Speckwürfel
→ je 2 EL Haselnuss- und Pinienkerne
→ ½ Bund Petersilie

Retro meets Bowl

Es gibt so viele Klassiker aus den guten alten Zeiten, die nur darauf warten ein wenig modernisiert und aufgehübscht zu werden. Trau dich! Die Kombination von Alt und Neu bringt immer wieder tolle Geschmackserlebnisse.

1. Die Kartoffeln putzen, waschen und in kleine Würfel schneiden. 1 EL Öl in einer Pfanne erhitzen und die Kartoffeln darin ca. 5 Min. bei starker Hitze scharf anbraten, weitere 10–15 Min. bei niedriger bis mittlerer Hitze unter mehrmaligem Rühren durchbraten.

2. Inzwischen die Bohnen putzen, waschen und in 2–3 cm lange Stücke schneiden. Bohnenkraut waschen, mit den Bohnen in wenig Salzwasser in einem Topf aufkochen und diese ca. 5 Min. garen. Anschließend das Bohnenkraut entfernen und die Bohnen samt Kochwasser mit Essig, Salz und Pfeffer gut vermischen.

3. Die Birnen waschen und in Viertel schneiden, die Viertel entkernen und in Spalten schneiden. Den Speck in einer Pfanne ohne Fett ca. 3 Min. anbraten, dann herausnehmen und auf einen Teller geben. Haselnüsse und Pinienkerne nach Belieben grob hacken und im Speckbratfett rösten, bis sie duften. Die Petersilie waschen, trocken schütteln, die Blättchen abzupfen und diese fein hacken. Petersilie mit den gerösteten Kernen und dem restlichen Öl mischen, mit Salz und Pfeffer würzen, zu den Kartoffeln geben und untermischen.

4. Zum Anrichten die Kartoffeln auf zwei Schüsseln verteilen, Birnen und Bohnensalat darauf dekorativ arrangieren und die Bowls mit dem Speck bestreut servieren.

>> Cooking with love provides food for the soul. <<

VERFASSER UNBEKANNT

Berrylike Rainbow-Falafel-Bowl

FÜR 2 PERSONEN
ZUBEREITUNGSZEIT: 25 MIN. |
EINWEICHZEIT: 12 STD. |
KOCHZEIT: 1 STD. 30 MIN.
PRO PORTION: CA. 775 KCAL |
20 G E | 60 G F | 38 G KH

→ 80 g getrocknete Kichererbsen
→ 1 Frühlingszwiebel
→ 2 EL Olivenöl
→ 1 TL gemahlener Kreuzkümmel
→ 1 TL edelsüßes Paprikapulver
→ Salz, frisch gemahlener Pfeffer
→ 3 EL heller und dunkler Sesam
→ 400 g gemischte Pilze (z.B. Champignons, Austernpilze, Kräuterseitlinge)
→ 2 Zweige Thymian
→ 1 Avocado
→ 100 g gemischte Beeren
→ 1 EL Mayonnaise
→ 3 EL Sauerrahm
→ 1 Knoblauchzehe
→ ½ Bund Petersilie
→ ½ Glas Rote-Bete-Salat (ca. 120 g)
→ 2 EL Sonnenblumenkerne

1. Die getrockneten Kichererbsen über Nacht in kaltem Wasser einweichen, dann in ein Sieb abgießen und kalt abbrausen. Mit Wasser bedeckt in einem Topf aufkochen und ca. 1 Std. 30 Min. zugedeckt köcheln lassen. Frühlingszwiebel putzen, waschen und fein hacken. Kichererbsen mit 1 EL Öl, Kreuzkümmel und Paprikapulver fein pürieren, Frühlingszwiebel, Salz und Pfeffer untermischen.

2. Aus der Masse mit einem Esslöffel acht Portionen abstechen und zu Sticks formen. Diese im Sesam wälzen und auf ein mit Backpapier belegtes Blech legen. Restlichen Sesam beiseitestellen.

3. Den Backofen auf 200° vorheizen. Die Pilze trocken abreiben, putzen, gegebenenfalls halbieren und in eine ofenfeste Form geben. Thymian waschen, trocken schütteln und die Blättchen abzupfen. Diese mit Salz und dem restlichen Öl unter die Pilze mischen. Die Form neben den Sticks auf das Backblech stellen und Sticks und Pilze im heißen Backofen (Mitte) in 15–20 Min. goldbraun backen.

4. Die Avocado halbieren und den Stein entfernen. Das Fruchtfleisch in der Schale in Spalten teilen und mit einem Esslöffel aus der Schale lösen. Beeren verlesen und vorsichtig waschen. Mayonnaise mit Sauerrahm glatt rühren. Knoblauch schälen und fein hacken, Petersilie waschen, trocken schütteln, die Blättchen abzupfen und diese ebenfalls fein hacken. Beides mit 3 EL Rote-Bete-Saft (vom Salat) unter die Mayonnaise rühren und das Dressing mit Salz und Pfeffer würzen.

5. Zum Anrichten die Pilze auf zwei Schüsseln verteilen, Avocado, Beeren, Rote-Bete-Salat und Falafelsticks daraufgeben, mit restlichem Sesam und den Sonnenblumenkernen bestreuen und die Bowls mit dem Dressing getoppt sofort servieren.

Mediterrane Polenta-Bowl

FÜR 2 PERSONEN
ZUBEREITUNGSZEIT: 30 MIN. |
ABKÜHLZEIT: MIND. 1 STD.
PRO PORTION: CA. 710 KCAL |
23 G E | 40 G F | 61 G KH

→ 120 g Polenta (Maisgrieß)
→ Salz
→ frisch gemahlener Pfeffer
→ 50 g Bergkäse
→ 1 Zwiebel
→ 1 gelbe Paprika
→ 1 kleine Aubergine
→ 1 Zucchino
→ 2 Tomaten
→ 2 Zweige Thymian
→ 4 EL Olivenöl
→ 1 kleine Bio-Salatgurke
→ 1 Knoblauchzehe
→ 150 g Joghurt
→ 3 EL Quark
→ 1 EL Zitronensaft
→ 4 EL Oliven

1. 400 ml Wasser in einem Topf aufkochen, Polenta einrühren, kräftig mit Salz und Pfeffer würzen und unter Rühren bei niedriger Hitze 5–10 Min. quellen lassen. Bergkäse fein reiben und untermischen. Eine flache Form mit nassem Backpapier auslegen und die Polenta hineingießen. Diese abkühlen und fest werden lassen.

2. Inzwischen die Zwiebel schälen, halbieren und in Spalten schneiden. Die Paprika halbieren, Strunk, weiße Trennhäute und Kerne entfernen, die Hälften waschen und in ca. 1 cm große Würfel schneiden. Die Aubergine und den Zucchino putzen, waschen und mundgerecht würfeln.

3. Die Tomaten waschen, von den Stielansätzen befreien und ebenfalls in Würfel schneiden. Thymian waschen, trocken schütteln und die Blättchen abzupfen.

4. 1 EL Öl in einer Pfanne erhitzen, Zwiebel darin bei starker Hitze ca. 2 Min. anbraten und in weiteren 2 Min. glasig dünsten. Thymian sowie das vorbereitete Gemüse zugeben und den Pfanneninhalt weitere 5 Min. bei niedriger Hitze köcheln lassen, dann mit Salz und Pfeffer abschmecken.

5. Für das Zaziki die Gurke putzen, waschen und die Hälfte grob raspeln, die andere Hälfte in Scheiben schneiden und beiseitelegen. Knoblauch schälen und durch die Knoblauchpresse zu den Gurkenraspeln drücken. Diese mit Joghurt, Quark, Zitronensaft und 1 EL Öl mischen und mit Salz und Pfeffer würzen.

6. Restliches Öl in einer beschichteten Pfanne erhitzen, die Polenta in Ecken schneiden und im heißen Öl von beiden Seiten in ca. 4 Min. goldbraun braten.

7. Zum Anrichten das mediterrane Gemüse auf zwei Schüsseln verteilen, Gurkenscheiben, Polentaecken und Oliven daraufgeben und die Bowls mit dem Zaziki getoppt sofort servieren.

Cashew-Rotkohl-Bowl mit Räucherfisch

FÜR 2 PERSONEN
ZUBEREITUNGSZEIT: 25 MIN.
PRO PORTION: CA. 470 KCAL |
25 G E | 29 G F | 28 G KH

- 1 Dose Kichererbsen (240 g Abtropfgewicht)
- 1 TL Currypulver
- 2 TL Kokosöl (s. S. 122)
- Salz
- frisch gemahlener Pfeffer
- 300 g Rotkohl
- 1 EL Rapsöl
- 2 EL Cashewkerne
- 1 TL Kümmelsamen
- 2 EL Cashewmus
- 1 Prise Kurkumapulver (s. S. 122)
- ½ TL Ahornsirup
- 1 EL Limettensaft
- 100 g geräucherter Fisch (z. B. Forelle oder Makrele)

1. Den Backofen auf 200° vorheizen. Die Kichererbsen in ein Sieb abgießen und abtropfen lassen. In einer Schüssel mit Currypulver, Kokosöl, Salz und Pfeffer mischen, auf einem mit Backpapier belegten Blech verteilen und im heißen Ofen (Mitte) ca. 20 Min. rösten.

2. Inzwischen Rotkohl putzen, waschen und in dünne Streifen schneiden. Das Rapsöl in einer Pfanne erhitzen, Rotkohl darin bei mittlerer Hitze ca. 3 Min. anbraten. Cashews, Kümmel, Salz und Pfeffer zugeben und noch 2–3 Min. mitbraten.

3. Für das Dressing das Cashewmus mit Kurkuma und 3 EL kaltem Wasser glatt rühren. Ahornsirup und Limettensaft untermischen und das Dressing mit Salz und Pfeffer abschmecken. Die Kichererbsen aus dem Ofen holen.

4. Zum Anrichten den Rotkohl auf zwei Schüsseln verteilen, geröstete Kichererbsen und Räucherfisch darauf dekorativ anrichten und die Bowls mit dem Dressing beträufelt servieren.

Vorrats-Tipp

Kichererbsen schmecken noch aromatischer, wenn du sie frisch kochst. Da das oftmals nicht ins Zeitbudget passt, kannst du sie vorkochen und einfrieren. Siehe dazu S. 103. Für ein besseres Mengenverständnis hier der Umrechnungstipp: 100 g getrocknete Kichererbsen entsprechen gekocht ca. 240 g, also rund 1 Dose Kichererbsen.

Tuna-Ceviche-Bowl

Ceviche hat ein hawaiianisches Pendant – Poke. Beide sind aus der internationalen Küche nicht mehr wegzudenken und machen als Bowl-Inhalt eine prima Figur!

FÜR 2 PERSONEN
ZUBEREITUNGSZEIT: 25 MIN.
PRO PORTION: CA. 575 KCAL |
27 G E | 37 G F | 32 G KH

→ 150 g frischer Thunfisch in Sushi-Qualität (ersatzweise Lachs)
→ 6–7 EL Limettensaft
→ 3 EL TK-Erbsen
→ 2 Frühlingszwiebeln
→ ½ rote Chilischote
→ 2 Möhren
→ ¼ Ananas
→ 2 Tomaten
→ 1 frischer Maiskolben (ersatzweise 1 kleine Dose Mais, 140 g Abtropfgewicht)
→ 2 Stangen Staudensellerie
→ ca. 50 g Alfalfa-Sprossen (s. auch S. 83)
→ 1 Bund Minze
→ 1 Knoblauchzehe
→ 3 EL Olivenöl
→ 2 EL Mandelblättchen
→ Salz
→ frisch gemahlener Pfeffer

1. Für das Ceviche (s. S. 122) den frischen Thunfisch in kleine Würfel schneiden und in einer Schüssel gut mit 4–5 EL Limettensaft vermischen. Fisch im Kühlschrank ca. 15 Min. marinieren lassen.

2. Inzwischen die Erbsen auftauen lassen. Die Frühlingszwiebeln putzen, waschen und in feine Ringe schneiden. Chilischote halbieren, Strunk, weiße Trennhäute und Kerne entfernen, die Stücke waschen und in feine Würfel schneiden. Die Möhren putzen, schälen und schräg in Scheiben schneiden. Die Ananas schälen, vom Strunk befreien und in kleine Stücke schneiden. Die Tomaten waschen, von den Stielansätzen befreien und in Spalten schneiden. Den Maiskolben waschen und mit einem scharfen Messer die Körner von oben nach unten abschneiden. Den Sellerie putzen, evtl. entfädeln, waschen und in Scheiben schneiden. Die Sprossen waschen und gut abtropfen lassen.

3. Für das Pesto die Minze waschen, trocken schütteln und die Blätter abzupfen. Knoblauchzehe schälen und mit Minzblättern, Öl, Mandelblättchen, restlichem Limettensaft und der Hälfte der Erbsen fein pürieren. Pesto mit Salz und Pfeffer würzen. Den marinierten Fisch mit Frühlingszwiebeln und Chili mischen und mit Salz und Pfeffer abschmecken.

4. Zum Anrichten den Thunfisch auf zwei Schüsseln verteilen, Gemüse, restliche Erbsen, Sprossen und Ananas daraufgeben und die Bowls mit dem Minzpesto beträufelt sofort servieren.

Do it yourself

Sprossen ziehen

Be proud of your sprouts! Sprossengärtnern ist leicht. Das geht ganz ohne grünen Daumen. Man muss nur ein paar Dinge beachten und schon sprießt es auf der Fensterbank.

FÜR 2–3 PERSONEN
→ 1 großes Schraubglas oder 1 spezielles Keimgefäße mit mehreren Löchern (mind. 2 mm) im Schraubdeckel
→ 2–3 EL Saatgut (z.B. Radieschen- oder Rettichsamen, Bohnen, Erbsen)

1. Das Glas gründlich ausspülen. Das Saatgut in einem Sieb gut abspülen. Das Glas mit Saatgut und Wasser füllen, verschließen, schwenken und das Wasser durch den Deckel abgießen. Saatgut täglich mindestens einmal spülen (s. Tipp).

2. Glas auf einem Teller schräg auf den Kopf und an ein helles Plätzchen stellen (die Fensterbank ist ideal). Nach 2–7 Tagen sind die Sprossen fertig und zum Verzehr bereit. Sprossen aus Hülsenfrüchten lieber erhitzen, damit das in den rohen Sprossen enthaltene giftige Phasin zerstört wird.

Saubere Sache!

Für ungetrübten Sprossen-Genuss ist es wichtig, auf die Hygiene zu achten: Das Saatgut sollte vor dem Keimen gut gewaschen werden und die Keimlinge müssen täglich gespült werden: Dazu das Glas einmal mit kaltem Wasser befüllen, schwenken, durch den Deckel das Wasser abgießen und das Saatgut gut abtropfen lassen. Die fertigen Sprossen solltest du vor dem Verzehr gründlich waschen und schnell verbrauchen.

Specials

Kräuter-Avocado-Bowl mit Pilz-Talern

FÜR 3 PERSONEN
ZUBEREITUNGSZEIT: 35 MIN.
PRO PORTION: CA. 660 KCAL |
21 G E | 50 G F | 28 G KH

→ 100 g Champignons
→ 1 kleine Zwiebel
→ ½ Bund Rucola
→ 2 EL Quark
→ 1 Ei (M)
→ 7 EL feine Haferflocken
→ 4 EL gemahlene Haselnüsse
→ Salz
→ frisch gemahlener Pfeffer
→ 3 EL Rapsöl
→ ½ Bund Schnittlauch
→ 3 Radieschen
→ 150 g körniger Frischkäse
→ 3 EL Rotweinessig
→ 1 kleine Avocado
→ 1 Bund gemischte Kräuter (z.B. Petersilie, Minze und Koriander)
→ 1 Handvoll bunte Datteltomaten

1. Die Champignons trocken abreiben, von den trockenen Schnittstellen befreien und klein schneiden. Die Zwiebel schälen, halbieren und würfeln. Rucola putzen, waschen, trocken schütteln und in grobe Stücke schneiden. Pilze, Zwiebel und Rucola mit Quark, Ei, Haferflocken und Haselnüssen im Mixer stückig pürieren, salzen und pfeffern. 1 EL Öl in einer Pfanne erhitzen und die Hälfte der Pilzmasse mit einem Esslöffel als vier bis fünf Häufchen in die Pfanne setzen. Häufchen etwas platt drücken und von beiden Seiten in ca. 4 Min. ausbraten. Mit der restlichen Masse ebenso verfahren.

2. Schnittlauch waschen, trocken schütteln und in feine Röllchen schneiden. Radieschen putzen, waschen und fein würfeln. Beides mit dem Frischkäse mischen, 2 EL Essig und 1 EL Öl unterrühren. Den Dip salzen und pfeffern. Die Avocado halbieren und den Stein entfernen. Das Fruchtfleisch in der Schale in Würfel teilen und mit einem Esslöffel aus der Schale lösen. Kräuter waschen, trocken schütteln und Blätter sowie zarte Stängel fein hacken. Avocadowürfel mit Kräutern und restlichem Essig mischen, salzen und pfeffern. Die Tomaten waschen.

3. Zum Anrichten die Avocado auf drei Schüsseln verteilen, Tomaten, Pilztaler und Frischkäse darauf dekorativ arrangieren und die Bowls sofort servieren.

Autumn-Soul-Bowls

Curry-Hokkaido-Bowl

FÜR 2 PERSONEN
ZUBEREITUNGSZEIT: 25 MIN. |
REISKOCHEN AM VORTAG: 35 MIN.
PRO PORTION: CA. 745 KCAL |
19 G E | 39 G F | 85 G KH

→ 80 g Naturreis
→ Salz
→ 2 große Möhren
→ 1 Zweig Zitronenmelisse
→ 1 EL Butter
→ 50 g Erbsen (TK oder frisch)
→ frisch gemahlener Pfeffer
→ 400 g Hokkaido-Kürbis
→ 1 TL Currypulver
→ 1 EL Rapsöl
→ 3 EL getrocknete Cranberrys
→ 30 g Kürbiskerne
→ 2 EL Kürbiskernöl
→ 1 EL Zitronensaft
→ 1 Handvoll Feldsalat
→ 60 g Ziegenkäse-Rolle

Vegane Variante

Wer sich vegan ernährt oder auf Käse verzichten möchte, kann bei dieser Bowl den Ziegenkäse durch gebratene Tofuwürfel oder Tempeh in Scheiben ersetzen. Butter dann durch Rapsöl ersetzen.

1. Am Vortag den Reis mit der doppelten Menge Salzwasser in einen Topf geben, aufkochen und 30–35 Min. zugedeckt bei niedriger Hitze garen. Anschließend auf der ausgeschalteten Herdplatte zugedeckt 5–10 Min. ausquellen lassen.

2. Die Möhren putzen, schälen und schräg in Scheiben schneiden. Die Melisse waschen, trocken schütteln und die Blätter in feine Streifen schneiden. Die Butter in einem Topf erhitzen, Möhren und Erbsen darin ca. 5 Min. zugedeckt bei niedriger bis mittlerer Hitze braten, mit Zitronenmelisse, Salz und Pfeffer würzen.

3. Das Kürbisfruchtfleisch putzen, waschen und in Würfel schneiden. Mit Currypulver, Öl und etwas Salz in einer Schüssel mischen und in einer Pfanne ca. 5 Min. bei mittlerer Hitze braten. Den Reis vom Vortag zugeben, Cranberrys untermischen und noch 5 Min. bei mittlerer Hitze mitbraten.

4. Für das Pesto Kürbiskerne mit Kürbiskernöl, Zitronensaft, Salz und Pfeffer im Mixer fein pürieren. Den Feldsalat putzen, waschen und trocken schleudern. Ziegenkäse in Scheiben schneiden.

5. Zum Anrichten den Kürbisreis auf zwei Schüsseln verteilen, Möhrengemüse, Feldsalat und Ziegenkäse darauf dekorativ arrangieren und die Bowls mit dem Pesto beträufelt sofort servieren.

Kürbiskernig gut

Brokkoli-Hummus-Bowl mit Wachs-Ei

Brokkoli, Hummus (s. S. 122) aus Linsen und ein zart-schmelzendes Wachs-Ei – wer sich auf diese Bowl einlässt, kann erleben, was purer Genuss bedeutet!

FÜR 2 PERSONEN
ZUBEREITUNGSZEIT: 25 MIN.
PRO PORTION: CA. 790 KCAL |
35 G E | 45 G F | 58 G KH

→ 75 g rote Linsen
→ 150 ml Gemüsebrühe
→ 1 kleiner Brokkoli (ca. 250 g)
→ 8–9 EL Zitronensaft
→ Salz
→ frisch gemahlener Pfeffer
→ 2 EL Tahin (Sesampaste)
→ 2 Eier
→ 1 Frühlingszwiebel
→ 3 EL Cashewkerne
→ 2 Nektarinen
→ 3 EL Cashewmus
→ 1 TL Ahornsirup
→ 1 EL dunkler Sesam

1. Die Linsen in einem Sieb kalt abbrausen, mit der Gemüsebrühe in einen Topf geben, aufkochen und 10–15 Min. bei niedriger Hitze zugedeckt köcheln lassen. Inzwischen den Brokkoli putzen, waschen und in kleine Röschen teilen, den Strunk schälen und in mundgerechte Stücke teilen. Röschen und Strunk mit 3 EL Zitronensaft mischen und mit Salz und Pfeffer würzen.

2. Die gegarten Linsen mit Tahin und 2–3 EL Zitronensaft im Mixer fein pürieren. Die Eier in kochendem Wasser in ca. 7 Min. wachsweich kochen, abgießen, kalt abschrecken und pellen. Die Frühlingszwiebel putzen, waschen und in sehr feine Ringe schneiden. Die Cashewkerne grob hacken. Die Nektarinen waschen, halbieren, Steine entfernen und das Fruchtfleisch in Spalten schneiden. Für das Dressing das Cashewmus mit restlichem Zitronensaft und Ahornsirup glatt rühren, salzen und pfeffern.

3. Zum Anrichten den Brokkoli auf zwei Schüsseln verteilen, Linsen-Hummus, halbierte Eier, Cashewkerne und Nektarinen daraufgeben. Eier mit Frühlingszwiebel und Sesam bestreuen und die Bowls mit dem Dressing beträufelt sofort servieren.

Perfekt pochiert!

Dafür in einem großen Topf reichlich Wasser mit etwas Essig aufkochen, Herdplatte ausschalten. Ei in eine Tasse aufschlagen. Im Wasser mit einem Kochlöffel einen Strudel erzeugen, das rohe Ei hineingleiten und 3–4 Min. sieden lassen. Herausheben, abschrecken und abtropfen lassen.

Autumn-Soul-Bowls

Avocado-Facts

JEDE MENGE WISSENSWERTES ZUR BUTTERFRUCHT UND WAS MAN SONST NOCH AUS DIESEM KRAFTPAKET SO MACHEN KANN.

Fuerte oder Hass – was darf's denn sein? Fuerte ist die birnenförmige Avocado mit »Hals« und glatter, grüner Schale. Ihr Geschmack ist mild und cremig. Die rundliche, fast eierförmige Hass mit grün-bräunlicher, fast schwarzer Schale schmeckt kräftiger und leicht nussig.

Sie ist ein kleines Kraftpaket, das vor Nährstoffen nur so strotzt: Ballaststoffe, gute (ungesättigte) Fette, viele Vitamine und Mineralstoffe sind en masse enthalten. Und auch bei Vitamin C liegt die Avocado an vorderster Front – püriert mit dem Saft einer Orange deckst du mit einer einzigen Avocado deinen gesamten Tagesbedarf.

Bei Zimmertemperatur reift die Avocado gut nach, im Kühlschrank dagegen gefällt es der sonnenverwöhnten Lady überhaupt nicht.

Die Avocado ist eine Frucht und kein Gemüse!

Manche Leute schwören darauf, den Avocadokern zu verspeisen, z. B. fein zerkleinert durch einen speziellen Mixer in einem Smoothie.

Andere wiederum pulverisieren den Kern und verwenden ihn zur Teebereitung.

1/2 Avocado übrig? Dann lass den Kern in der übrigen Hälfte, so wird diese nicht braun und unansehnlich und hält sich noch 1-2 Tage frisch.

Um einen Avocadokern einzupflanzen, lässt du ihn mit der »Spitze« nach oben zu zwei Dritteln in Wasser keimen, ein wenig wachsen und setzt anschließend den gekeimten Kern mit den Wurzeln in einen mit Erde befüllten Blumentopf.

Avocadomaske gefällig? 1 zermuste Avocado + 1 TL Joghurt, Olivenöl, Zitronensaft oder Honig auf dem Gesicht verteilen, 15 Min. einwirken lassen und mit warmem Wasser abspülen.

Spicy Thai-Bowl

FÜR 2 PERSONEN
ZUBEREITUNGSZEIT: 20 MIN. |
RUHEZEIT: 30 MIN.
PRO PORTION: CA. 610 KCAL |
16 G E | 18 G F | 92 G KH

→ 250 g Weißkohl
→ 4 Möhren
→ Salz
→ 150 g Thai-Nudeln (breite Glasnudeln)
→ 1 Pink Grapefruit
→ ½ Kohlrabi
→ 1 Frühlingszwiebel
→ 1 kleines Stück frische rote Chilischote
→ 1 TL Fischsauce
→ 3 EL Sojasauce
→ 2 EL Limettensaft
→ Cayennepfeffer
→ 1 TL Rohrrohrzucker
→ 2 EL Erdnussmus
→ 2 EL Gemüsebrühe
→ 2 EL Erdnusskerne

1. Den Weißkohl putzen, waschen und in dünne Streifen schneiden. Die Möhren putzen, schälen und 2 Möhren ebenfalls in dünne Streifen schneiden oder grob raspeln. Die Weißkohl- und Möhrenstreifen oder -raspel mit etwas Salz mischen und ca. 30 Min. ruhen lassen.

2. Inzwischen die Thai-Nudeln in kochendem Wasser nach Packungsangabe garen, dann abgießen, kalt abschrecken und in kürzere Stücke schneiden.

3. Die Grapefruit samt weißer Haut mit einem scharfen Messer dick schälen und die Fruchtfilets zwischen den weißen Trennhäutchen herausschneiden. Die Filets nach Belieben in mundgerechte Stücke schneiden. Kohlrabi putzen, schälen und mit den restlichen Möhren in mundgerechte Streifen schneiden.

4. Für den Krautsalat die Frühlingszwiebel putzen, waschen und in sehr feine Ringe schneiden. Von der Chilischote Strunk, weiße Trennhäute und Kerne entfernen, das Schotenstück waschen und fein würfeln. Frühlingszwiebel und Chili zum Weißkohl geben und den Salat mit Fischsauce, 2 EL Sojasauce, Limettensaft, Cayennepfeffer und Zucker abschmecken. Für die Bowl-Sauce Erdnussmus mit Gemüsebrühe und restlicher Sojasauce glatt rühren. Die Erdnüsse grob hacken.

5. Zum Anrichten die Nudeln auf zwei Schüsseln verteilen, Krautsalat, Möhren, Kohlrabi, Grapefruitfilets und Erdnüsse darauf arrangieren. Bowls mit der Sauce beträufelt sofort servieren.

>> Man kann nur eine leere Schüssel füllen. <<

ZEN-WEISHEIT

Superkorn meets Tofu-Schaschlik

FÜR 2 PERSONEN
ZUBEREITUNGSZEIT: 45 MIN. |
EINWEICHZEIT: 2 STD.
PRO PORTION: CA. 670 KCAL |
23 G E | 44 G F | 41 G KH

→ 100 g Körnermischung
  (z.B. 6-Korn-Mischung)
→ 300 ml Gemüsebrühe
→ 1 kleine Stange Lauch
→ 1 Zweig Thymian
→ 3 EL Rapsöl
→ 1 Handvoll gemischte Sprossen
→ 200 g Tofu
→ 1 TL edelsüßes Paprikapulver
→ ½ rote Paprika
→ 2 EL Mandelmus
→ 1 EL Zitronensaft
→ ½ Bund Petersilie
→ 1 Knoblauchzehe
→ Salz
→ frisch gemahlener Pfeffer
→ 30 g Haselnussblättchen

AUSSERDEM
→ 2 Schaschlikspieße

1. Die Körnermischung in kaltem Wasser ca. 2 Std. einweichen, in ein Sieb abgießen. Körner mit der Gemüsebrühe in einem Topf aufkochen und 30–35 Min. bei niedriger Hitze zugedeckt köcheln lassen.

2. Inzwischen den Lauch putzen, waschen und in feine Ringe schneiden. Thymian waschen und die Blättchen abzupfen.

3. 1 EL Öl in einer Pfanne erhitzen und den Lauch darin in ca. 2 Min. anbraten, Thymian zugeben und den Pfanneninhalt weitere 2 Min. braten.

4. Die Sprossen kalt abbrausen und gut abtropfen lassen. Den Tofu in grobe Würfel schneiden und mit 1 EL Öl und Paprikapulver marinieren. Die Paprika halbieren, Strunk, weiße Trennhäute und Kerne entfernen, die Viertel waschen und in grobe Würfel schneiden. Mit dem Tofu abwechselnd auf zwei Holzspieße stecken.

5. Restliches Öl in einer Pfanne erhitzen und die Tofuspieße darin von jeder Seite in ca. 2 Min. anbraten. Für das Dressing Mandelmus mit 2 EL Wasser und Zitronensaft glatt rühren. Petersilie waschen, trocken schütteln und die Blätter fein hacken. Knoblauch schälen und mit der Knoblauchpresse zum Dressing pressen, Petersilie, Salz und Pfeffer unterrühren.

6. Zum Anrichten die Körner auf zwei Schüsseln verteilen, Lauchgemüse, Sprossen und Tofuspieße darauf dekorativ arrangieren. Die Bowls mit Haselnussblättchen bestreuen, mit dem Dressing beträufeln und sofort servieren.

Heißer Latin-Lover-Mix

In dieser Schüssel trifft Don Juan auf Casanova, indem Tortilla und Pesto sich in einer Schüssel vereinen und für jede Menge südländisches Temperament sorgen.

FÜR 2 PERSONEN
ZUBEREITUNGSZEIT: 40 MIN.
PRO PORTION: CA. 585 KCAL |
26 G E | 36 G F | 36 G KH

→ 80 g Naturreis
→ Salz
→ 400 g gemischte Pilze (z.B. Austernpilze, Champignons und Kräuterseitlinge)
→ 1 Zwiebel
→ 4 EL Rapsöl
→ frisch gemahlener Pfeffer
→ 1 Knoblauchzehe
→ 60 g Babyspinat
→ 30 g getrocknete Tomaten
→ 2 Stängel Petersilie
→ 3 Eier
→ 150 g Tofu

1. Den Reis mit der doppelten Menge Salzwasser in einen Topf geben, aufkochen und 30–35 Min. zugedeckt bei niedriger Hitze garen. Anschließend auf der ausgeschalteten Herdplatte zugedeckt 5–10 Min. ausquellen lassen.

2. Inzwischen die Pilze trocken abreiben, von den trockenen Schnittstellen befreien und gegebenenfalls halbieren. Zwiebel schälen und fein würfeln.

3. 1 EL Öl in einer Pfanne erhitzen, Zwiebel darin bei mittlerer bis starker Hitze ca. 2 Min. anbraten und in weiterer 2 Min. glasig dünsten. Pilze zugeben, 3–4 Min. bei mittlerer Hitze mitbraten und anschließend mit Salz und Pfeffer abschmecken.

4. Für das Pesto Knoblauchzehe schälen. Spinat putzen, verlesen, waschen, trocken schütteln und mit Knoblauch, getrockneten Tomaten und 2 EL Öl im Mixer oder mit dem Stabmixer fein pürieren.

5. Die Petersilie waschen, trocken schütteln und die Blätter fein hacken. Die Eier verquirlen. Den Tofu fein hacken und mit Eiern, Petersilie, Salz und Pfeffer mischen. Das restliche Öl in einer kleinen beschichteten Pfanne erhitzen. Eiermasse zugießen und zugedeckt bei niedriger Hitze 10–15 Min. als Tortilla stocken lassen. Anschließend in Stücke schneiden.

6. Zum Anrichten den Reis auf zwei Schüsseln verteilen, Pilze und Tofu-Tortilla daraufgeben und die Bowls mit dem Spinatpesto getoppt sofort servieren.

Sesam-Nudel-Bowl mit saurem Gemüse

FÜR 2 PERSONEN
ZUBEREITUNGSZEIT: 30 MIN.
PRO PORTION: CA. 540 KCAL |
20 G E | 29 G F | 50 G KH

→ ½ Zucchino
→ 4 Radieschen
→ Salz
→ 100 g Mie-Nudeln
→ 2 Möhren
→ 200 g Austernpilze
→ 2 Blätter Weißkohl
→ 3 Frühlingszwiebeln
→ 100 g Räuchertofu
→ 2 EL heller Sesam
→ 1 TL Fischsauce
→ 2 TL Rohrohrzucker
→ 2 EL Limettensaft
→ 3 EL Sesamöl (ersatzweise Rapsöl)
→ 2 EL Reisessig (ersatzweise Aceto balsamico bianco)
→ frisch gemahlener Pfeffer

1. Zucchino putzen, waschen und raspeln. Radieschen putzen, waschen und in feine Scheiben hobeln. Beides mit etwas Salz mischen und ruhen lassen.

2. Inzwischen die Mie-Nudeln nach Packungsanweisung in kochendem Salzwasser garen, kalt abschrecken und abtropfen lassen. Die Möhren putzen, schälen und in Scheiben schneiden. Die Austernpilze putzen und je nach Größe halbieren oder in Streifen schneiden.

3. Weißkohl waschen und ebenfalls in Streifen schneiden. Die Frühlingszwiebeln putzen, waschen und in dünne Ringe schneiden. Den Räuchertofu in dünne Scheiben schneiden.

4. Für das Dressing Sesam, Fischsauce, 1 TL Zucker, Limettensaft und 1 EL Öl mit dem Stabmixer fein pürieren.

5. 1 EL Öl in einer Pfanne erhitzen, Frühlingszwiebeln darin bei mittlerer bis starker Hitze ca. 2 Min. anbraten und in weiteren 2 Min. glasig dünsten. Möhren, Pilze und Kohl zugeben und ca. 5 Min. bei mittlerer Hitze braten. Nudeln zugeben und alles weitere 2 Min. braten.

6. Restliches Öl in einer weiteren Pfanne erhitzen und den Tofu darin bei mittlerer bis starker Hitze ca. 2 Min. anbraten. Gesalzene Zucchini und Radieschen mit Reisessig und restlichem Zucker mischen und mit Pfeffer würzen.

7. Zum Anrichten die Nudelpfanne auf zwei Schüsseln verteilen, Zucchini, Radieschen und Tofu darauf dekorativ arrangieren und die Bowls mit dem Dressing beträufelt sofort servieren.

Bowl-To-Go-Tipps

PACK VIELE GUTE ZUTATEN REIN, NIMM DEIN KLEINES SCHÜSSELEIN UND DANN GEHT ES RAUS ZUR ARBEIT ... EIN PAAR TIPPS DAFÜR FINDEST DU HIER.

Mach die Lunchbox zur Bowl

Um die Bowl in ein Glas oder eine Lunchbox zu schichten, solltest du eine feste Reihenfolge beachten, damit die Zutaten frisch bleiben. Zuunterst wird das Dressing eingefüllt. Oder nimm dieses in einem extra Glas mit dicht schließendem Deckel mit und gib die Sauce erst kurz vor dem Verzehr über die »Bowl«. Darauf kommt die Lage mit Getreide bzw. Hülsenfrüchten. Und ganz obendrauf bettest du die verschiedenen Gemüsesorten, die leichten ganz oben. Salatblätter besser nicht einfüllen, denn sie können verwelken und sehen nicht mehr lecker aus.

Fleisch und Fisch

Nimm für die Bowl to go Fleisch- und Fischsorten, die schnell zubereitet sind und nur kurze Garzeiten haben. Perfekt sind Schweinefilet-, Hähnchenbrust- oder Putenstreifen sowie festfleischige Fischfiletstücke (z. B. Kabeljau, Rotbarsch, Lachs).

Gemüse und Dressing auf Vorrat

Gemüse kannst du schon am Vorabend oder am Wochenende putzen, schnippeln und in einem Zipperbeutel oder einer Frischhaltedose verpackt ein bis zwei Tage im Kühlschrank auf seinen Bowl-Einsatz warten lassen. Ein kleiner Vorrat an gemischtem TK-Gemüse hilft dir ebenfalls, Schnippel- und Einkaufszeit zu sparen und ist ein guter Partner für eine Ups-der-Kühlschrank-ist-leer-Bowl. Auf Seite 61 findest du ein Universal-Vorratsdressing. Mach ein großes Glas davon und das Saucerühren fällt die nächsten Tage weg.

Clever planen

Während der hektischen Arbeitswoche bleibt nur wenig Zeit drumrum – deshalb soll die Bowl to go am Morgen ratzfatz vorbereitet sein. Plan doch deine Mittagspause drei bis vier Tage im Voraus und kauf dafür alle Zutaten ein.

Der Hülsenfrüchte-Trick

Klar gibt`s auch Kichererbsen, Linsen und Bohnen aus der Dose, aber viel aromatischer schmecken die selbst gekochten. Allerdings ist das schon ein bisschen zeitaufwendig. Damit der Büro-Lunch trotzdem schnell fertig ist, kannst du eine große Portion getrocknete Hülsenfrüchte einweichen, vorkochen und dann portionsweise einfrieren bzw. auch ca. eine Woche gut gekühlt und luftdicht verpackt aufbewahren. Dasselbe klappt übrigens auch mit Getreide wie Quinoa, Couscous, Hirse oder Weizen.

Smokey Salmon loves Topinambur

Topinambur ist die neue Kartoffel! Er schmeckt roh, gebraten und gekocht und ist für alle, die darauf achten, die Low-Carb-Alternative zur Kartoffel.

FÜR 2 PERSONEN
ZUBEREITUNGSZEIT: 20 MIN.
PRO PORTION: CA. 530 KCAL |
25 G E | 40 G F | 15 G KH

→ 2 Stauden Chicorée
→ ½ Limette
→ 4 EL Tahin (Sesampaste)
→ 1 TL Honig
→ Salz
→ frisch gemahlener Pfeffer
→ 1 kleine Bio-Salatgurke
→ 3 Topinamburknollen (s. S. 122)
→ 2 Möhren
→ 75 g geräucherter Lachs
→ 2 EL heller und dunkler Sesam

1. Chicorée putzen, waschen und quer in Ringe schneiden. Die Limette auspressen und 2 EL Saft mit Tahin und Honig mischen. Anschließend das Dressing mit Salz und Pfeffer abschmecken.

2. Die Gurke putzen, waschen und in Stifte schneiden. Topinambur und Möhren putzen, schälen und raspeln, sofort mit restlichem Limettensaft mischen. Geräucherten Lachs in Würfel schneiden.

3. Zum Anrichten den Chicorée auf zwei Schüsseln verteilen, Gurke, Topinambur, Möhren und den geräucherten Lachs daraufgeben. Lachs mit Sesam bestreuen und die Bowls mit dem Tahin-Dressing beträufelt sofort servieren.

Was ist Tahin?

Cremig-dick, nussig und süßlich, das ist die orientalische Paste aus – geschälten oder ungeschälten – gemahlenen Sesamsamen. Tahin ist fester Bestandteil von Hummus (s. S. 122), einer ebenfalls aus dem Morgenland stammenden Kichererbsen-Creme. Du kannst sie in türkischen und asiatischen Lebensmittelläden sowie Bioläden und Reformhäusern und mittlerweile auch in großen Supermärkten kaufen.

Panzanella-Roastbeef-Bowl

FÜR 2 PERSONEN
ZUBEREITUNGSZEIT: 15 MIN.
PRO PORTION: CA. 595 KCAL |
21 G E | 18 G F | 91 G KH

→ 2 Rote Beten
→ 300 g Blumenkohl
→ 3 EL Rapsöl
→ ½ Fladenbrot
→ 2 Bio-(Blut-)Orangen
→ 2 EL Orangensaft
→ 1 EL Aceto balsamico
→ ¼ TL gemahlener Kreuzkümmel
→ 1 TL sehr fein geriebener frischer Meerrettich
→ 1 TL Honig
→ 4 Scheiben Roastbeef
→ Salz
→ frisch gemahlener Pfeffer

1. Die Roten Beten putzen, schälen und sehr fein stifteln. Den Blumenkohl putzen, waschen und in Röschen teilen. Die Blumenkohlröschen längs halbieren.

2. 2 EL Öl in einer Pfanne erhitzen, Blumenkohl darin ca. 5 Min. bei mittlerer Hitze braten. Das Fladenbrot in mundgerechte Würfel schneiden und für weitere 3 Min. beim Blumenkohl mitbraten.

3. Die (Blut-)Orangen heiß waschen, abtrocknen und in Spalten schneiden. Für das Dressing Orangensaft, Aceto balsamico, Kreuzkümmel, Meerrettich, Honig und restliches Öl verquirlen und mit Salz und Pfeffer abschmecken.

4. Zum Anrichten den Blumenkohl auf zwei Schüsseln verteilen, Rote Beten, Orangen und Roastbeef daraufgeben und die Bowls mit dem Dressing beträufelt sofort servieren. Nach Belieben noch etwas frischen Meerrettich darüberhobeln.

Nimm mal Pastrami

Statt Roastbeef gerne auch mal Pastrami verwenden. Was ist denn Pastrami? Das ist gewürztes/gepökeltes und geräuchertes Rindfleisch, das meist in sehr dünnen Scheiben als Sandwichbelag verwendet wird.

Winter-Wonder-Bowls

Winterliche Grünkohl-Hirse-Bowl

Mit dieser Power-Booster-Bowl kann einen im Winter so leicht nichts umhauen: Vitamine und Mineralstoffe satt in Grünkohl, Orange und Hirse!

FÜR 2 PERSONEN
ZUBEREITUNGSZEIT: 25 MIN.
PRO PORTION: CA. 410 KCAL | 12 G E | 16 G F | 53 G KH

- 80 g Hirse
- 160 ml Gemüsebrühe
- 200 g Grünkohl
- 1 kleine Zwiebel
- 2 Orangen
- 2 EL Mandeln
- 1 kleine Fenchelknolle
- 1 EL Rapsöl
- 1 TL Kreuzkümmelsamen
- 2 EL Rosinen
- Salz
- frisch gemahlener Pfeffer

1. Die Hirse in einem Sieb kalt abbrausen, mit der Gemüsebrühe in einen Topf geben, aufkochen und bei niedriger Hitze zugedeckt ca. 10 Min. köcheln lassen. Dann die Herdplatte abschalten und die Hirse weitere 10 Min. zugedeckt quellen lassen.

2. Inzwischen den Grünkohl putzen, waschen, trocken schütteln und in Stücke schneiden. Die Zwiebel schälen, halbieren und in Scheiben schneiden. Die Orangen samt weißer Haut mit einem scharfen Messer dick schälen, die Filets zwischen den weißen Trennhäutchen herauslösen, eventuell Kerne entfernen und den Saft dabei auffangen. Die Mandeln grob hacken. Den Fenchel putzen, waschen und in Spalten schneiden.

3. Das Öl in einer Pfanne erhitzen, die Zwiebel darin bei mittlerer bis starker Hitze ca. 2 Min. anbraten und in weiteren 2 Min. glasig dünsten. Grünkohl zugeben und ca. 3 Min. mitbraten. Orangenstücke, -saft, Kreuzkümmel und Rosinen zugeben, den Pfanneninhalt salzen und pfeffern und weitere 2 Min. braten.

4. Zum Anrichten die Hirse auf zwei Schüsseln verteilen, Grünkohlgemüse und Fenchel daraufgeben und die Bowls mit Mandeln bestreut sofort servieren.

Blitz-Variante

Für eine schnelle Variante lässt sich Hirse durch Couscous ersetzen. Super-fast ist die Bowl eingeschüsselt, wenn du zudem TK-Grünkohl hernimmst.

>> A healthy outside starts from the inside. <<

ROBERT URICH

Jelly-Bowl und Kompott

FÜR 2 PERSONEN

150 ml Traubensaft mit 1 TL Agar-Agar in einem Topf aufkochen und bei niedriger Hitze 5 Min. köcheln lassen. 150 ml Traubensaft zugießen, den Saft auf zwei Schüsseln verteilen und im Kühlschrank in ca. 2 Std. erstarren lassen. 1 Apfel und 1 Birne waschen, vierteln, vom Kerngehäuse befreien und in dünne Spalten schneiden. 2 Scheiben Ananas schälen, vom Strunk befreien und in kleine Stücke schneiden. Das Obst mit 1 TL gemahlenem Kardamom, ½ TL Zimtpulver und 100 ml Apfelsaft in einem Topf zuerst ca. 5 Min. köcheln, dann abkühlen lassen. 3 EL Joghurt mit 1 EL Limettensaft und 1 TL Ahornsirup verrühren. Zum Anrichten das Kompott auf dem Jelly verteilen und mit dem Dressing beträufelt servieren. Nach Belieben mit zerbröselten Amarettini bestreuen.

Desserts aus der Schüssel

SÜSS IN SCHALE GEWORFEN HABEN SICH DIESE LECKEREN REZEPTE FÜR DEN HUNGER ZWISCHENDURCH – SIE LASSEN SICH PERFEKT VORBEREITEN UND MACHEN JEDEN CANDY-JIEPER PLATT.

Cookie-Lemon-Bowl

FÜR 2 PERSONEN

100 g Vollkornkekse grob zerbröseln, mit 2 TL Kokosöl (s. S. 122) mischen und auf zwei Schüsseln verteilen. 150 g gemischte Beeren verlesen und vorsichtig waschen. 1 Stängel Minze waschen, trocken schütteln und die Blättchen fein hacken. 250 g Quark mit 2–3 EL Zitronensaft und nach Belieben 1 TL abgeriebener Bio-Zitronenschale glatt rühren, dann ½–1 EL Rohrohrzucker und 3 EL Joghurt unterrühren. Zum Anrichten die Beeren auf den Keksbröseln verteilen, die Quarkmasse daraufgeben und die Bowls mit der Minze bestreut sofort servieren.

Obstsalat-Bowl

FÜR 2 PERSONEN

1 Orange samt weißer Haut mit einem scharfen Messer dick schälen und die Orange in mundgerechte Stücke schneiden. 1 Banane schälen und in kleine Stücke schneiden. 50 g dunkle Trauben waschen und je nach Größe halbieren. 1 Kiwi schälen, längs halbieren und quer in Scheiben schneiden. 2 Spalten Honigmelone schälen und in kleine Stücke schneiden. Alle Obstsorten in einer Schüssel mischen. 1 EL Kokosöl (s. S. 122) in einer Pfanne erhitzen, 2 EL Kürbiskerne und 1 EL Pinienkerne darin rösten, bis sie duften und nach Belieben 1 TL Honig untermischen. Aus 3 EL Kokosmilch, 2 TL Mandelmus, 1 TL Honig und 1 EL Limettensaft ein Dressing rühren. Zum Anrichten den Obstsalat auf zwei Schüsseln verteilen, mit dem Dressing beträufeln und mit den gerösteten Kernen sowie 2 EL Granatapfelkernen bestreut servieren.

Winterrüben-Bowl mit Feta-Avocado-Dip

FÜR 2 PERSONEN
ZUBEREITUNGSZEIT: 30 MIN.
PRO PORTION: CA. 795 KCAL |
22 G E | 44 G F | 76 G KH

→ 3 Möhren
→ 2 Rote Beten
→ 1 Süßkartoffel
→ 1 EL Rapsöl
→ Salz
→ frisch gemahlener Pfeffer
→ 80 g Quinoa
→ 80 ml Gemüsebrühe
→ 80 ml Möhrensaft
→ 1 Avocado
→ 100 g Schafskäse (Feta)
→ 1 EL Aceto balsamico bianco
→ 4 große Champignons
→ 1 Handvoll Feldsalat

1. Den Backofen auf 200° vorheizen. Die Möhren, Rote Beten und die Süßkartoffel schälen. Die Möhren schräg in Scheiben, Rote Beten in Spalten und Süßkartoffel in längliche Stücke schneiden. Dann die Gemüsesorten getrennt auf einem mit Backpapier belegten Backblech verteilen, mit Öl beträufeln und mit Salz bestreuen. Die Winterrüben im heißen Ofen (Mitte) ca. 15–20 Min. backen, bis das Gemüse die gewünschte Bissfestigkeit hat.

2. Inzwischen die Quinoa in einem Sieb kalt abbrausen, mit Brühe und Saft in einem Topf aufkochen und zugedeckt bei niedriger Hitze ca. 15 Min. köcheln lassen.

3. Die Avocado halbieren und den Stein entfernen. Das Fruchtfleisch aus der Schale lösen und in einer Schüssel zusammen mit dem Feta mit einer Gabel zermusen. Den Dip mit Aceto balsamico, Salz und Pfeffer würzen.

4. Die Champignons trocken abreiben, die trockenen Schnittstellen abschneiden und die Champignons in dünne Scheiben schneiden. Den Feldsalat putzen, waschen und trocken schleudern.

5. Zum Anrichten die Quinoa auf zwei Schüsseln verteilen, Rüben, Champignons und Feldsalat daraufgeben und die Bowls mit dem Dip getoppt sofort servieren.

Bunt und gesund

Linsen-Bowl mit Maiskölbchen und Schinken

FÜR 2 PERSONEN
ZUBEREITUNGSZEIT: 25 MIN.
PRO PORTION: CA. 525 KCAL |
32 G E | 21 G F | 50 G KH

→ 50 g rote Linsen
→ 100 ml Gemüsebrühe
→ ½ Eisbergsalat
→ 2 Frühlingszwiebeln
→ 1 Möhre
→ 130 g Kidneybohnen (aus der Dose)
→ 2 EL Olivenöl
→ 3 EL Rotweinessig
→ ½ Bund gemischte Kräuter
   (z.B. Schnittlauch, Petersilie und Dill)
→ 2 EL Zitronensaft
→ 1 TL Honig
→ 1 EL Senf
→ Salz
→ frisch gemahlener Pfeffer
→ 3 Scheiben gekochter Schinken
→ 100 g Maiskölbchen (aus dem Glas)
→ 2 EL Sonnenblumenkerne

1. Die Linsen in einem Sieb kalt abbrausen, mit der Gemüsebrühe in einem Topf aufkochen und 10–15 Min. bei niedriger Hitze zugedeckt köcheln lassen. Inzwischen den Salat putzen, waschen und trocken schleudern. Die Frühlingszwiebeln putzen, waschen und in dünne Ringe schneiden. Die Möhre putzen, schälen und fein würfeln. Die Kidneybohnen in ein Sieb abgießen, abspülen und abtropfen lassen.

2. 1 EL Öl in einer Pfanne erhitzen, Frühlingszwiebeln und Möhre darin bei mittlerer Hitze ca. 3 Min. anbraten. Linsen und Kidneybohnen in einer Schüssel mischen, angebratenes Gemüse zugeben und mit 2 EL Essig untermischen.

3. Für das Dressing Kräuter waschen, trocken schütteln und Petersilienblättchen und Dillspitzen fein hacken. Schnittlauch in feine Röllchen schneiden. Zitronensaft, Honig, Senf, restlichen Essig und restliches Öl verquirlen. Das Dressing mit Kräutern, Salz und Pfeffer abschmecken. Den Schinken in Streifen schneiden.

4. Zum Anrichten den Eisbergsalat auf zwei Schüsseln verteilen, Linsensalat, Maiskölbchen und Schinken darauf arrangieren. Bowls mit Sonnenblumenkernen bestreuen und mit dem Kräuterdressing beträufelt sofort servieren.

Für's Heimatfeeling

Crunchy Cabbage-Egg-Bowl

Seelenschmeichler: Rosenkohl ist ein Wintergemüse und wärmt auch unsere Seele in dieser mediterranen Kombination aus getrockneten Tomaten und Kapern.

FÜR 2 PERSONEN
ZUBEREITUNGSZEIT: 25 MIN.
PRO PORTION: CA. 725 KCAL |
31 G E | 32 G F | 77 G KH

→ 400 g Rosenkohl
→ 1 rote Zwiebel
→ 1 Zweig Rosmarin
→ 2 EL Rapsöl
→ 6 EL Gemüsebrühe
→ 1 TL Honig
→ 2 Eier
→ 2 EL Erdnusskerne
→ 40 g getrocknete Tomaten
→ 2 EL Kapern
→ 1 EL Mandelmus
→ Cayennepfeffer
→ Salz
→ ½ Fladenbrot vom Vortag

1. Den Rosenkohl putzen, waschen und die Röschen halbieren. Die Zwiebel schälen, halbieren und in Spalten schneiden. Rosmarin waschen, die Nadeln abzupfen und fein hacken. 1 EL Öl in einer Pfanne erhitzen, die Zwiebel darin bei mittlerer bis starker Hitze ca. 2 Min. anbraten und in weiteren 2 Min. glasig dünsten. Rosenkohl, Rosmarin, 2 EL Brühe und den Honig zugeben und den Pfanneninhalt weitere 8–10 Min. bei mittlerer Hitze braten.

2. Die Eier in kochendem Wasser in ca. 8 Min. hart kochen, abgießen, kalt abschrecken und pellen. Die Erdnüsse grob hacken. Die getrockneten Tomaten grob hacken und mit den Kapern mischen.

3. Aus Mandelmus, restlicher Gemüsebrühe und Cayennepfeffer ein Dressing mischen und dieses mit Salz würzen.

4. Das Fladenbrot in Würfel schneiden. Restliches Öl in einer Pfanne erhitzen und die Brotwürfel darin knusprig braten.

5. Zum Anrichten den Rosenkohl auf zwei Schüsseln verteilen, halbierte Eier, Tomaten-Kapern-Mischung und Fladenbrot daraufgeben. Die Bowls mit dem Dressing beträufelt sofort servieren.

Asia-Suppen-Bowl
mit mariniertem Rindfleisch

FÜR 2 PERSONEN
ZUBEREITUNGSZEIT: 25 MIN.
PRO PORTION: CA. 515 KCAL |
33 G E | 24 G F | 38 G KH

→ 200 g Rindfleisch
→ 1 Knoblauchzehe
→ 1 kleines Stück Ingwer
→ 1 TL Fischsauce
→ 2 EL Sojasauce
→ frisch gemahlener Pfeffer
→ 2 EL Sesamöl (ersatzweise Rapsöl)
→ 1 EL Limettensaft
→ 2 EL heller und dunkler Sesam
→ 80 g Mie-Nudeln
→ Salz
→ 120 g Chinakohl
→ 2 Möhren
→ 1 Handvoll Mungbohnensprossen
→ 1 EL Erdnusskerne
→ ½ Bund Koriandergrün
→ 400 ml Gemüsebrühe

1. Das Rindfleisch in dünne Scheiben schneiden. Die Knoblauchzehe und den Ingwer schälen und mit Fisch- und Sojasauce, Pfeffer, Öl und Limettensaft pürieren. 1 EL Sesam unterrühren und das Rindfleisch darin bis zur Verwendung im Kühlschrank marinieren.

2. Die Mie-Nudeln nach Packungsangabe in kochendem Salzwasser garen, kalt abschrecken und abtropfen lassen.

3. Chinakohl putzen, waschen und in feine Streifen schneiden. Die Möhren putzen, schälen und fein stifteln. Die Sprossen kalt abbrausen und gut abtropfen lassen. Die Erdnüsse fein hacken. Den Koriander waschen, trocken schütteln und samt Stielen grob hacken. Die Brühe erhitzen.

4. Das Rindfleisch in einer Pfanne mitsamt der Marinade ca. 2 Min. bei starker Hitze braten, wenden und kurz weiterbraten.

5. Zum Anrichten die Nudeln auf zwei Schüsseln verteilen, Chinakohl, Möhren, Sprossen sowie Fleisch daraufgeben und die Brühe angießen. Die Bowls mit Erdnüssen, Koriander und restlichem Sesam bestreuen und sofort servieren.

Buzzwords

CEVICHE

ist ein ursprünglich aus Peru stammendes Fischgericht. Der rohe, klein geschnittene Fisch wird dabei mit Limettensaft mariniert, wodurch das Fischeiweiß denaturiert, wie beim Kochen. Verfeinert wird Ceviche klassischerweise mit Zwiebeln, Chili, Tomaten oder Koriander.

EDAMAME

sind unreif geerntete Sojabohnen, die zum Trend-Snack avancieren. Die gegarten, gesalzenen Schoten werden mit den Fingern oder dem Mund geöffnet, um an die eiweiß- und omega-3-reichen Kerne zu gelangen. Du kannst sie bei uns in Asienläden oder in Online-Shops kaufen.

HALLOUMI

ist ein halbfester, würziger Käse aus Kuh-, Schaf- und/oder Ziegenmilch, der als zypriotischer Nationalkäse gilt. Halloumi kann gut gegrillt oder gebraten werden, weil er dabei nicht verläuft. Du findest ihn meist in türkischen Lebensmittelgeschäften und gut sortierten Supermärkten.

HUMMUS

ist eine beliebte orientalische Vorspeise aus pürierten Kichererbsen, die mit Gewürzen, Tahin, Zitronensaft und Olivenöl verfeinert und als Dip zu Fladenbrot serviert wird.

KAKAO-NIBS

werden meist aus rohen (= ungerösteten), fermentierten Kakaobohnen hergestellt, die geschält und zerkleinert werden. Sie schmecken im Müsli, in Smoothies, Desserts, Kuchen, Pralinen und auch zum Verfeinern von manch herzhaftem Gericht.

KOKOSÖL

ist ein natives Pflanzenöl, das aus Kopra, dem Fruchtfleisch der Kokosnuss, gewonnen wird und bei Zimmertemperatur fest und weißlich ist. Es sollte in hochwertigem, nicht raffiniertem Zustand verwendet werden, denn nur so bleiben die wertvollen Inhaltsstoffe (mittelkettige Fettsäuren) erhalten.

KURKUMA

auch Gelbwurz genannt, zählt zur Familie der Ingwergewächse und wird frisch oder getrocknet als Gewürz oder Farbstoff verwendet. Vor allem die frische Wurzel (eigentlich Rhizom) bringt Speisen einen wunderbaren Duft und wirkt zudem verdauungsanregend. Kurkuma ist wesentlicher Bestandteil von Currypulver und wird in der asiatischen Medizin als Heilmittel eingesetzt.

NORI

sind essbare Meeresalgen, die als getrocknete und geröstete, papierartige Blätter verwendet werden, um Sushi-Rollen herzustellen, d. h. der Sushi-Reis wird darin eingerollt.

SCAMORZA

ist eine italienische Käsespezialität in Birnenform, die, ähnlich einem Mozzarella, als Brühkäse aus Kuhmilch hergestellt und meist in geräucherter Form angeboten wird.

TOPINAMBUR

ist eine Nutzpflanze, ähnlich der Sonnenblume, deren Knolle roh oder gekocht zubereitet werden kann. Sie schmeckt leicht süßlich und hat eine wässrige Konsistenz. Topinambur enthält keine Stärke, ist aber sehr inulinreich (ein langkettiger Zuckerstoff) und daher für Diabetiker interessant.

Where to buy

ASIATISCHE LEBENSMITTEL:
Von asiatischen Chilischoten über Nori bis hin zu Tofu und anderen Sojaprodukten – bei diesen Shops schlagen alle Asia-Food-Herzen höher.
www.asiatasty.de
www.asianbrand.de

VOLLKORNGETREIDE, HÜLSENFRÜCHTE UND NUSSMUSE:
Bio-Lebensmittel in ihrer ganzen Vielfalt ... aussuchen, bestellen und genießen!
www.alnatura.de
shop.rapunzel.de
www.reformhaus-shop.de

SCHÖNE BOWLS:
Das Auge isst ja schließlich mit.

www.bunzlauer-keramik.de
Bunzlauer Keramik, das sind handgefertigte Keramikdinge – vor allem auch tolle Schüsseln in kleinen und großen Größen – aus der Oberlausitz mit langer Tradition.

www.dawanda.de
Bei Dawanda findest du alles, was das Herz begehrt – teils handgemacht, teils Vintage, teils modern – und unter vielen anderen Dingen auch eine große Auswahl an Schüsseln zum Bowlen.

www.japanwelt.de
Hier gibt es viele, viele tolle Schalen aus der japanischen Schüsselvielfalt in wunderbaren Mustern und Farben!

www.ricebyrice.com
Bunt, hip und einfach schön – das Label macht das Leben ein bisschen farbenfroher und bietet Bowlern eine tolle Vielfalt an Schüsseln aus Melamin und Keramik.

www.scandinavian-lifestyle.de
Wer auf skandinavisches Design steht, wird hier sicher fündig werden – unzählige Schüsseln in unterschiedlichster Ausführung.

Register

Hier sind neben den Rezeptnamen auch einige Hauptzutaten aufgelistet. Vegetarische Rezepte sind farblich hervorgehoben.

A

Asia-Suppen-Bowl mit mariniertem Rindfleisch 120
Avocado
Berrylike Rainbow-Falafel-Bowl 74
Fancy Springtime-Salsa-Bowl 34
Fresh 'n' smooth Shrimp-Bowl 54
Kräuter-Avocado-Bowl mit Pilz-Talern 84
Nutty Green-Smoothie-Bowl 10
Sushi-Bowl 58
Winterrüben-Bowl mit Feta-Avocado-Dip 114

B

Banane
Fruity Red-Smoothie-Bowl 20
Gelbe Smoothie-Bowl 8
Nutty Green-Smoothie-Bowl 10
Obstsalat-Bowl 113
Smooth Chocolate-Banana 18
Winter-Quinoa-Porridge-Bowl 16
Beeren, gemischte
Berrylike Rainbow-Falafel-Bowl 74
Chia-Beeren-Bowl 12
Cookie-Lemon-Bowl 113
Fruity Red-Smoothie-Bowl 20
Smooth Chocolate-Banana 18
Berrylike Rainbow-Falafel-Bowl 74
Birnen
Jelly-Bowl und Kompott 112
Omas Birnen-Bohnen-Speck-Bowl 70
Rote-Bete-Bowl mit Linsen-gemüse und Scamorza 42

Blumenkohl-Bowl mit Nuss-Frischkäse-Nocken 56
Bohnen, grüne
Lemonlike roasted Chicken-Bowl 64
Omas Birnen-Bohnen-Speck-Bowl 70
Brokkoli: Brokkoli-Hummus-Bowl mit Wachs-Ei 88

C

Cashew-Rotkohl-Bowl mit Räucherfisch 78
Chia-Beeren-Bowl 12
Cookie-Lemon-Bowl 113
Couscous: Lieblingslachs-Schüssel 28
Crunchy Cabbage-Egg-Bowl 118
Curry-Hack-Bowl mit Möhren-Relish 44
Curry-Hokkaido-Bowl 86

D

Dressing auf Vorrat 61

E

Eier
Brokkoli-Hummus-Bowl mit Wachs-Ei 88
Crunchy Cabbage-Egg-Bowl 118
Erbsen
Curry-Hokkaido-Bowl 86
Tuna-Ceviche-Bowl 80

F

Fancy Springtime-Salsa-Bowl 34
Feigen
Roasted Pistachio-Bowl 50
Sonnenscheinschälchen 22
Feldsalat
Curry-Hokkaido-Bowl 86
Winterrüben-Bowl mit Feta-Avocado-Dip 114
Fenchel
Fresh 'n' smooth Shrimp-Bowl 54

Veggie-Noodle-Bowl 68
Winterliche Grünkohl-Hirse-Bowl 108
Feta: Winterrüben-Bowl mit Feta-Avocado-Dip 114
Fisch
Cashew-Rotkohl-Bowl mit Räucherfisch 78
Fresh Hummus-Fishball-Bowl 48
Fresh 'n' smooth Shrimp-Bowl 54
Frische Kräuter-Bowl 38
Frischkäse: Blumenkohl-Bowl mit Nuss-Frischkäse-Nocken 56
Fruity Red-Smoothie-Bowl 20

G

Garnelen: Fresh 'n' smooth Shrimp-Bowl 54
Gelbe Smoothie-Bowl 8
Gemüse, gemischtes: Sesam-Nudel-Bowl mit saurem Gemüse 100
Getreide, gemischtes: Superkorn meets Tofu-Schaschlik 96
Glasnudeln
Spicy Thai-Bowl 92
Veggie-Noodle-Bowl 68
Grünkohl: Winterliche Grünkohl-Hirse-Bowl 108
Gurke
Blumenkohl-Bowl mit Nuss-Frischkäse-Nocken 56
Fancy Springtime-Salsa-Bowl 34
Lemonlike roasted Chicken-Bowl 64
Mediterrane Polenta-Bowl 76
Smokey Salmon loves Topinambur 104
Sushi-Bowl 58
Veggie-Noodle-Bowl 68

H

Hackfleisch: Curry-Hack-Bowl mit Möhren-Relish 44

124   Register

Hähnchenfleisch
Fancy Springtime-Salsa-
Bowl 34
Lemonlike roasted Chicken-
Bowl 64
Heißer Latin-Lover-Mix 98
Hirse
Sonnenscheinschälchen 22
Veggie-Hirse-Bowl 30
Winterliche Grünkohl-Hirse-
Bowl 108

J

Jelly-Bowl und Kompott 112

K

Kicher-Bowl 40
Kichererbsen
Berrylike Rainbow-Falafel-
Bowl 74
Cashew-Rotkohl-Bowl mit
Räucherfisch 78
Fresh Hummus-Fish-
ball-Bowl 48
Kicher-Bowl 40
Kiwi
Nutty Green-Smoothie-
Bowl 10
Obstsalat-Bowl 113
Smooth Chocolate-Banana 18
Winter-Quinoa-Porridge-
Bowl 16
Kohlrabi
Fancy Springtime-Salsa-
Bowl 34
Rote-Bete-Bowl mit Linsen-
gemüse und Scamorza 42
Spicy Thai-Bowl 92
Veggie-Noodle-Bowl 68
Kräuter-Avocado-Bowl mit Pilz-
Talern 84
Kürbis: Curry-Hokkaido-Bowl 86

L

Lachs
Lieblingslachs-Schüssel 28
Smokey Salmon loves Topi-
nambur 104
Sushi-Bowl 58
Lemonlike roasted Chicken-
Bowl 64
Lieblingslachs-Schüssel 28

Linsen
Brokkoli-Hummus-Bowl mit
Wachs-Ei 88
Linsen-Bowl mit Maiskölb-
chen und Schinken 116
Rote-Bete-Bowl mit Linsen-
gemüse und Scamorza 42

M

Mais
Linsen-Bowl mit Maiskölb-
chen und Schinken 116
Tuna-Ceviche-Bowl 80
Mediterrane Polenta-Bowl 76
Mehrkornflocken: Ultimate
Basic Granola 15
Melone
Blumenkohl-Bowl mit Nuss-
Frischkäse-Nocken 56
Gelbe Smoothie-Bowl 8
Obstsalat-Bowl 113
Mie-Nudeln
Asia-Suppen-Bowl mit mari-
niertem Rindfleisch 120
Sesam-Nudel-Bowl mit sau-
rem Gemüse 100
Möhren
Asia-Suppen-Bowl mit mari-
niertem Rindfleisch 120
Curry-Hack-Bowl mit
Möhren-Relish 44
Curry-Hokkaido-Bowl 86
Kicher-Bowl 40
Linsen-Bowl mit Maiskölb-
chen und Schinken 116
Roasted Pistachio-Bowl 50
Sesam-Nudel-Bowl mit sau-
rem Gemüse 100
Smokey Salmon loves Topi-
nambur 104
Spicy Thai-Bowl 92
Sushi-Bowl 58
Tuna-Ceviche-Bowl 80
Veggie-Noodle-Bowl 68
Winterrüben-Bowl mit Feta-
Avocado-Dip 114

N

Nüsse: Blumenkohl-Bowl mit
Nuss-Frischkäse-Nocken 56
Nutty Green-Smoothie-Bowl 10

O

Obstsalat-Bowl 113
Omas Birnen-Bohnen-Speck-
Bowl 70
Orange
Gelbe Smoothie-Bowl 8
Obstsalat-Bowl 113
Panzanella-Roastbeef-
Bowl 106
Sonnenscheinschälchen 22
Winterliche Grünkohl-Hirse-
Bowl 108
Winter-Quinoa-Porridge-
Bowl 16
Oriental Feel-Good-Bowl 32

P

Panzanella-Roastbeef-Bowl 106
Paprika
Blumenkohl-Bowl mit Nuss-
Frischkäse-Nocken 56
Lemonlike roasted Chicken-
Bowl 64
Mediterrane Polenta-Bowl 76
Oriental Feel-Good-Bowl 32
Roasted Pistachio-Bowl 50
Spanish Mojo-Nights 62
Superkorn meets Tofu-
Schaschlik 96
Pilze
Berrylike Rainbow-Falafel-
Bowl 74
Heißer Latin-Lover-Mix 98
Kräuter-Avocado-Bowl mit
Pilz-Talern 84
Sesam-Nudel-Bowl mit sau-
rem Gemüse 100
Winterrüben-Bowl mit Feta-
Avocado-Dip 114
Pistazien: Roasted Pistachio-
Bowl 50
Polenta: Mediterrane Polenta-
Bowl 76

Q

Quinoa
Oriental Feel-Good-Bowl 32
Winter-Quinoa-Porridge-
Bowl 16
Winterrüben-Bowl mit Feta-
Avocado-Dip 114

Register 125

R

Radieschen
Fresh 'n' smooth Shrimp-Bowl 54
Frische Kräuter-Bowl 38
Kräuter-Avocado-Bowl mit Pilz-Talern 84
Sesam-Nudel-Bowl mit saurem Gemüse 100
Veggie-Hirse-Bowl 30

Reis
Curry-Hack-Bowl mit Möhren-Relish 44
Curry-Hokkaido-Bowl 86
Heißer Latin-Lover-Mix 98
Roasted Pistachio-Bowl 50
Spanish Mojo-Nights 62
Sushi-Bowl 58

Rindfleisch
Asia-Suppen-Bowl mit mariniertem Rindfleisch 120
Spanish Mojo-Nights 62

Roastbeef: Panzanella-Roastbeef-Bowl 106

Roasted Pistachio-Bowl 50

Rosenkohl: Crunchy Cabbage-Egg-Bowl 118

Rote Bete
Berrylike Rainbow-Falafel-Bowl 74
Panzanella-Roastbeef-Bowl 106
Rote-Bete-Bowl mit Linsengemüse und Scamorza 42
Winterrüben-Bowl mit Feta-Avocado-Dip 114

Rotkohl: Cashew-Rotkohl-Bowl mit Räucherfisch 78

S

Scamorza: Rote-Bete-Bowl mit Linsengemüse und - Scamorza 42

Schinken: Linsen-Bowl mit Maiskölbchen und Schinken 116

Sesam-Nudel-Bowl mit saurem Gemüse 100
Smokey Salmon loves Topinambur 104
Smooth Chocolate-Banana 18
Sonnenscheinschälchen 22
Spanish Mojo-Nights 62

Speck: Omas Birnen-Bohnen-Speck-Bowl 70

Spicy Thai-Bowl 92

Sprossen
Asia-Suppen-Bowl mit mariniertem Rindfleisch 120
Oriental Feel-Good-Bowl 32
Sprossen ziehen 83
Superkorn meets Tofu-Schaschlik 96
Tuna-Ceviche-Bowl 80
Veggie-Noodle-Bowl 68

Superkorn meets Tofu-Schaschlik 96
Sushi-Bowl 58

Süßkartoffel: Winterrüben-Bowl mit Feta-Avocado-Dip 114

T

Thunfisch: Tuna-Ceviche-Bowl 80

Tofu
Heißer Latin-Lover-Mix 98
Sesam-Nudel-Bowl mit saurem Gemüse 100
Superkorn meets Tofu-Schaschlik 96

Tomaten
Fancy Springtime-Salsa-Bowl 34
Kicher-Bowl 40
Kräuter-Avocado-Bowl mit Pilz-Talern 84
Lieblingslachs-Schüssel 28
Oriental Feel-Good-Bowl 32
Spanish Mojo-Nights 62
Tuna-Ceviche-Bowl 80

Topinambur: Smokey Salmon loves Topinambur 104

Tuna-Ceviche-Bowl 80

U

Ultimate Basic Granola 15

V

Veggie-Hirse-Bowl 30
Veggie-Noodle-Bowl 68

W

Weizen: Frische Kräuter-Bowl 38
Winter-Quinoa-Porridge-Bowl 16
Winterliche Grünkohl-Hirse-Bowl 108
Winterrüben-Bowl mit Feta-Avocado-Dip 114

Z

Zitrone
Cookie-Lemon-Bowl 113
Lemonlike roasted Chicken-Bowl 64

Zucchini
Fresh Hummus-Fishball-Bowl 48
Kicher-Bowl 40
Mediterrane Polenta-Bowl 76
Oriental Feel-Good-Bowl 32
Sesam-Nudel-Bowl mit saurem Gemüse 100
Veggie-Noodle-Bowl 68

Zuckerschoten
Blumenkohl-Bowl mit Nuss-Frischkäse-Nocken 56
Oriental Feel-Good-Bowl 32
Veggie-Hirse-Bowl 30

Appetit auf mehr?

ISBN 978-3-8338-5939-7

ISBN 978-3-8338-5941-0

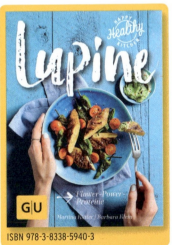

ISBN 978-3-8338-5940-3

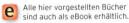 Alle hier vorgestellten Bücher sind auch als eBook erhältlich.

Mehr von GU auf **www.gu.de** und
facebook.com/gu.verlag

Impressum

© 2017 GRÄFE UND UNZER VERLAG GmbH, München

Alle Rechte vorbehalten. Nachdruck, auch auszugsweise, sowie Verbreitung durch Bild, Funk, Fernsehen und Internet, durch fotomechanische Wiedergabe, Tonträger und Datenverarbeitungssysteme jeder Art nur mit schriftlicher Genehmigung des Verlages.

Konzept: Marline Ernzer, Stefanie Poziombka
Projektleitung: Marline Ernzer, Stefanie Poziombka
Lektorat: Cora Wetzstein
Korrektorat: Petra Bachmann
Bildredaktion: Marline Ernzer
Innen- und Umschlaggestaltung: Anzinger und Rasp Kommunikation GmbH, München
Herstellung: Martina Koralewska
Satz: L42 AG, Berlin
Reproduktion: Medienprinzen, München
Druck und Bindung: F+W Druck- und Mediencenter, Kienberg

Printed in Germany

ISBN 978-3-8338-5938-0
1. Auflage 2017
Die GU-Homepage finden Sie unter www.gu.de

Ein Unternehmen der
GANSKE VERLAGSGRUPPE

www.facebook.com/gu.verlag

DIE AUTORIN

Dagmar Reichel hat ihre Liebe zum Essen zum Beruf gemacht und teilt diese Leidenschaft mit ihren Lesern. Die Devise für ihre Rezeptkreativität: Gesund, vollwertig, frisch und lecker muss es in der Schüssel sein. Zuletzt von ihr bei GU erschienen ist *Slow Carbs*.

DIE FOTOGRAFIN

Barbara Bonisolli ist eine erfolgreiche Foodfotografin und Kochbuchautorin. Sie lebt seit mehr als 15 Jahren mit Mann und Kindern auf dem Land. Zusammen mit ihrem Team **Zeynep Jansen, Anja Prestel und Alina Neumeier** hat sie die Superbowls in Szene gesetzt.

BILDNACHWEIS

Alle Fotos: Barbara Bonisolli, München

Titelfoto und U4: Barbara Bonisolli, München

Weitere Fotos: iStock: S. 2, 6, 24, 46, 72, 102; Shutterstock: S. 94, 110

Illustrationen: Tanja Meyer, Bonn

Ein großes Dankeschön an unsere Handmodels **Zeynep Jansen, Anja Prestel, Alina Neumeier** und **Barbara Bonisolli**, München.

TITELREZEPT

Roasted Pistachio-Bowl (S. 50) mit Frühlingszwiebeln und Blattsalat.

Syndication:
www.seasons.agency

Liebe Leserin, lieber Leser,

haben wir Ihre Erwartungen erfüllt? Sind Sie mit diesem Buch zufrieden? Haben Sie weitere Fragen zu diesem Thema? Wir freuen uns auf Ihre Rückmeldung, auf Lob, Kritik und Anregungen, damit wir für Sie immer besser werden können.

GRÄFE UND UNZER Verlag
Leserservice
Postfach 86 03 13
81630 München
E-Mail:
leserservice@graefe-und-unzer.de
Telefon: 00800 / 72 37 33 33*
Telefax: 00800 / 50 12 05 44*
Mo–Do: 9.00 – 17.00 Uhr
Fr: 9.00 – 16.00 Uhr
(* gebührenfrei in D, A, CH)

Ihr GRÄFE UND UNZER Verlag
Der erste Ratgeberverlag – seit 1722.

Umwelthinweis:
Dieses Buch ist auf PEFC-zertifiziertem Papier aus nachhaltiger Waldwirtschaft gedruckt.

Umschlag: ZanpacTouch

Backofenhinweis:
Die Backzeiten können je nach Herd variieren. Die Temperaturangaben in unseren Rezepten beziehen sich auf das Backen im Elektroherd mit Ober- und Unterhitze und können bei Gasherden oder Backen mit Umluft abweichen. Details entnimmst du bitte deiner Gebrauchsanweisung.